山地城市轨道交通
深竖井围岩压力特征
及支护参数优化研究

Study on the Pressure Characteristics and Support Parameter
Optimization of Deep Vertical Shaft Surrounding Rock in
Mountain City Rail Transit

史宁强　靳晓光　吴祥祖　王其洪　夏国志　著

重庆大学出版社

内容提要

在山地城市轨道交通建设过程中,由于地质条件的复杂性,地铁车站的重要附属结构——通风竖井往往比较深。地铁车站的矩形通风井既是竖井,又类似于深基坑,目前对地铁车站通风竖井的侧压力计算多等同于深基坑,与实际差别较大。本书在广泛查阅国内外相关领域研究成果的基础上,结合具体工程实例,采用理论分析、物理模型试验、数值模拟相结合的方法,对山地城市地铁车站深通风竖井的围岩侧压力时空特征及变化规律、侧压力深度曲线拐点位置及预测、深竖井施工力学行为及支护参数优化等问题进行了系统、深入的研究。

本书理论联系实际,适用性强,既可以作为土木工程专业及相关专业的研究生学习用书,也可以作为土木工程领域的专业技术人员的参考用书。

图书在版编目(CIP)数据

山地城市轨道交通深竖井围岩压力特征及支护参数优化研究／史宁强等著. -- 重庆:重庆大学出版社,2023.6

(山地城市建造丛书)

ISBN 978-7-5689-3147-2

Ⅰ.①山… Ⅱ.①史… Ⅲ.①山区城市—城市铁路—轨道交通—围岩—隧道支护—支护参数—研究 Ⅳ.①U239.5

中国版本图书馆 CIP 数据核字(2022)第 085725 号

山地城市建造丛书

山地城市轨道交通深竖井围岩压力
特征及支护参数优化研究

SHANDI CHENGSHI GUIDAO JIAOTONG SHENSHUJING WEIYAN YALI
TEZHENG JI ZHIHU CANSHU YOUHUA YANJIU

史宁强 靳晓光 吴祥祖 王其洪 夏国志 著

策划编辑:王 婷

责任编辑:陈 力 版式设计:王 婷
责任校对:夏 宇 责任印制:赵 晟

*

重庆大学出版社出版发行

出版人:饶帮华

社址:重庆市沙坪坝区大学城西路 21 号

邮编:401331

电话:(023)88617190 88617185(中小学)

传真:(023)88617186 88617166

网址:http://www.cqup.com.cn

邮箱:fxk@ cqup.com.cn(营销中心)

全国新华书店经销

重庆升光电力印务有限公司印刷

*

开本:720mm×1020mm 1/16 印张:14.75 字数:219 千

2023 年 6 月第 1 版 2023 年 6 月第 1 次印刷

ISBN 978-7-5689-3147-2 定价:98.00 元

前　言

在山地城市轨道交通建设过程中,由于地质条件的复杂性,地铁车站的重要附属结构——通风竖井往往比较深。地铁车站的矩形通风井既是竖井,又类似于深基坑。目前深基坑的深度一般小于 40 m,大于 40 m 的矩形深竖井(如重庆市轨道交通 10 号线一期工程红土地车站通风竖井深度接近 100 m)的围岩侧压力分布状态还不清楚,给岩土体侧压力理论研究和结构设计带来了困难。目前有关矿山隧道、山岭隧道深竖井的研究较多,有一些计算理论和方法,但这些理论都是基于圆形截面竖井提出的,直接用于地铁矩形截面竖井的设计是否合理还存在争议。

本书在广泛查阅国内外相关领域研究成果的基础上,结合具体工程实例,采用理论分析、物理模型试验、数值模拟相结合的方法,对山地城市地铁车站深通风竖井的围岩侧压力时空特征及变化规律、侧压力深度曲线拐点位置及预测、深竖井施工力学行为及支护参数优化等问题进行了系统、深入的研究。

本书是在总结提炼作者主持的科研项目研究成果的基础上完成的,同时吸收了相关论文、著作中的研究成果,在此表示诚挚的感谢。在成书过程中,林同棪国际工程咨询(中国)有限公司童晨财、傅川宝高级工程师,重庆大学邱锋、黄林、张晨阳硕士和侯超博士做了大量的工作,在此表示衷心的感谢。

由于山地城市轨道交通地质条件和工程环境的复杂性,以及地铁车站深通风竖井施工方法和支护措施及支护时机的不同,深竖井围岩侧压力及拐点位置会有一定的变化,地铁车站深通风竖井的设计理论、施工方法和支护参数等问题还需要深入的研究。作者将以此为契机,继续努力,在山地城市轨道交通建设的理论研究和工程实践方面贡献自己的力量。

由于作者水平有限,书中难免存在疏漏之处,敬请读者批评指正。

著　者

2022 年 5 月

目　录

1 绪 论

1.1 研究背景及意义

近年来,随着城市现代化进程的快速发展,国家基础设施得到了巨大的改善。城市轨道交通作为城市化发展的核心交通设施之一,更是得到了巨大发展。据中国城市轨道交通协会发布的 2020 年中国内地已开通城市轨道交通运营线路长度统计汇总,截至 2020 年年底,全国轨道交通运营线路已达到 7 978.19 km,其中地铁 6 302.79 km,在未来的几年内城市轨道交通还将得到快速发展。轨道交通已经成为城市发展的重要交通设施。为了增多地下工程修建的掌子面,方便提升 TBM 盾构机等大型设备,以及实现通风、排渣、排烟等功能,城市轨道交通通常会设置矩形截面的深竖井。

在山岭隧道工程中,竖井是加快施工进度、保证隧道内通风的重要基础设施,较为普遍。在矿山开采中,竖井更是进出矿源巷道的必备通道。国内外专家针对竖井进行了大量研究。多年来,大量科研工作者对竖井围岩压力特征及设计荷载确定进行了深入研究,积累了许多经验和方法。目前,对直径不超过 8 m、开挖深度超过 300 m 的圆形截面竖井井巷工程和开挖深度超过 500 m 的超深竖井井巷工程,在设计与施工方面积累了丰富的经验。但仍然存在许多的核心理论和技术问题,相对于山岭隧道竖井,城市轨道交通工程竖井具有周围环境复杂,竖井直径大,截面多为矩形的特点,致使竖井围护结构出现应力集中,同时对竖井破坏产生的本质和机理仍然存在比较大的争议。编者希望通过岩石地层深竖井侧压力理论和设计荷载如何取值的分析和研究,丰富和提高地铁车站深竖井的设计和施工水平。本书的研究对岩石地层深竖井设计、施工具有重要的理论指导意义与工程应用价值。

1.2 国内外研究现状

1.2.1 围岩侧压力研究现状

1)基于平面问题考虑的围岩侧压力理论研究

在竖井设计的项目中,围岩侧压力的大小是设计过程中必须考虑的重要指标。依照围岩侧压力开展设计工作是确保竖井稳定、安全的重要步骤。多年来,竖井围岩侧压力的研究有较丰富的成果。从 18 世纪开始,许多学者就展开了关于侧压力的研究,其中最著名的是 1773 年库伦(C. A. Coulomb)和朗肯(W. J. M. Rankine)提出的侧压力理论,这两种理论得到了广泛的应用,直到目前依然是侧压力计算的基础。

此后的学者依托这两种理论开展了大量的研究,常见的均匀侧压力计算方法有下述 4 种。

（1）海姆方法

海姆参照上述两种理论，针对岩石的特点提出了基于原岩应力的围岩侧压力理论公式。岩石地层原岩应力为

$$\sigma_z = \gamma h \tag{1.1}$$

式中　γ——岩石的容重；

　　　h——计算点位深度。

海姆认为在岩石地层的原岩应力作用下，基于弹性理论物理方程，岩石将会发生侧向变形。同时，由于受到内部约束，变形会转化为作用在约束上的围岩侧压力，由此岩石地层的侧压力表达式为

$$\sigma_x = \frac{\mu}{1-\mu}\sigma_z \tag{1.2}$$

式中　σ_x——围岩侧压力；

　　　μ——围岩的泊松比。

注：上述公式中假设围岩在受到开挖扰动之后，仅发生弹性变形。

（2）普罗托迪雅柯诺夫方法

M. M. Protodyakonov 基于库伦挡土墙侧压力理论，对矿山圆筒竖井进行分析求解，假定圆形截面的矿山竖井具有均匀分布的围岩侧压力：

$$\sigma_x = \sigma_z \times \tan^2\left(45° - \frac{\varphi}{2}\right) \tag{1.3}$$

式中　φ——围岩的内摩擦角。

（3）秦巴列维奇方法

秦巴列维奇在普氏计算的基础上，针对竖井围岩的特点，综合考虑竖井围岩的多层力学参数，细化岩层特性对围岩侧压力的影响，提出的计算公式为

$$P_x = (\gamma_1 h_1 + \gamma_2 h_2 + \cdots + \gamma_n h_n) \times \tan^2\left(45° - \frac{\varphi}{2}\right) \tag{1.4}$$

式中　γ_i, h_i——第 i 层围岩的重度和厚度。

（4）重液公式

我国煤矿立井井筒设计规范建议采用重液公式计算围岩侧压力，其基于土层钻孔泥浆护壁的原理直接建立围岩侧压力与埋深的关系为

$$\sigma_x = \gamma_p \times h \qquad (1.5)$$

式中　γ_p——似重度，通常取 0.013 MN/m^3。

除了上述常用的围岩侧压力计算方法，国内外不少学者针对竖井均布侧压力理论还提出了新的见解。萨乌斯托维奇基于普氏计算，针对岩石地层的特点，认为围岩侧压力不仅来源于竖向原岩应力的挤压作用，还来源于松散岩体荷载的挤压作用。因此，在考虑围岩侧压力时，需要考虑松散体荷载的作用。

Zhu Z G 等基于朗肯土压力，利用理论荷载结构模式和连续介质空间模型，对地铁深竖井围护结构安全性进行了分析，并且利用 Flac3D 数值分析软件，分析了地铁竖井围岩侧压力和位移的关系，对朗肯土压力计算公式进行了修正。

刘金龙等对当前常用的竖井围岩侧压力计算方法进行了总结，对比了常用方法的适用性和准确性，指出了重液公式在矩形截面竖井使用的不合理性。

高永平等认为岩石的侧向压力不仅来源于侧向挤压应力，还源于岩石的初始地应力以及楔形体作用下的应力。高永平等基于时间效应，分析了初始应力、楔形体作用对围岩侧压力的影响，为研究者分析竖井侧向压力提供了参考。

综上所述，在均匀侧压力的理论研究中，绝大多数方法都是将围岩侧压力考虑为竖向原岩应力作用后产生的结果。在围岩侧压力计算式中，基本都是利用竖向原岩应力乘以侧向应力系数的方式求解。但随着各国学者对岩石（岩体）工程的深入研究，针对竖井围岩侧压力的产生机理有了更为深入的认识，在计算围岩侧压力中逐渐增加了楔形体压力、初始应力的计算。

目前在主流计算围岩侧压力方法中，还是以考虑挤压作用力与楔形体压力为主。在这些常用的计算方法中，为了计算的简便性，都作出了将围岩应力空间问题考虑成平面问题的假定。这样的简化应用于圆形截面、井壁后为填土的竖井时误差较小。但是对于岩石地层矩形深竖井而言，按照平面问题分析理论

假设竖井边长为无限长,假定围岩侧压力为均匀分布,不仅会造成设计上的浪费,还会导致部分点位支护设计不足,严重的会出现坍塌等现象。均布侧压力理论在这种工况下的使用有不合理之处。

2）基于空间效应考虑的围岩侧压力理论研究

常用的朗肯压力理论、库伦压力理论和极限平衡理论等都是将空间问题考虑为平面问题,针对小尺寸的圆形截面竖井,这样的假定是合理的。但是针对矩形大尺寸深竖井,忽略围岩作用力的空间效应,容易造成安全隐患。编者阅读了大量的文献,对现有的围岩侧压力空间效应分析理论进行了总结。

最先提出考虑侧压力空间效应的是太沙基。20 世纪 40 年代,太沙基第一次提出了岩土压力的空间效应,这让专家学者们了解了岩土力学的空间效应并认识到了其重要性。至此,各国学者针对太沙基所提的岩土力学空间效应进行了大量的研究,直到 20 世纪 50 年代,岩土力学的空间力学效应理论才逐渐问世。

1952 年,波布里柯夫在太沙基的基础上,忽略井壁无限长的假定,即放弃了空间问题视作平面问题的考虑,提出了对有限长度的挡土墙无黏性土的压力近似计算公式,但该方法存在较大的误差。

索柯洛夫针对库伦理论中认为滑裂体为三角形楔形体的假设提出了质疑,他认为在墙面为有限长度时,滑裂体为梯形角锥体,并基于此提出了新的侧压力计算公式。此后,国外的很多学者针对滑裂体形状提出了新的想法。克列恩基于波布里柯夫提出的有限长度近似算法,优化了滑裂体模型,认为在有限长度下,滑裂体是一个半圆柱形截柱体,并提出了侧压力理论。Brandt 针对滑裂体形状也提出了自己的观点,他认为滑裂体的形状在竖井中更多地趋向于抛物线截柱体,基于这样的考虑,推导了侧压力的计算公式。

第一次系统全面地分析滑裂体形状,综合考虑围岩侧压力空间效应的是Gerlach。他利用试验方法,观察到了挡土墙后滑裂体的基本形状,第一次提出了尺寸对滑裂体形状的影响。

除国外学者对围岩侧压力空间力学效应进行了大量的分析之外,国内的学者也进行了大量的研究。顾慰慈综合分析了国外的大量研究,以竖井的长深比为参数,利用试验详细地分析了各种长宽比情况下,滑裂体的形状以及围岩侧压力的计算公式,为后人分析岩石地层的围岩侧压力提供了非常完备的理论依据。

武权社总结了国内专家的研究成果,基于顾慰慈的研究,提出了短墙、长墙的概念,并分析了两者的界限。为设计项目简化了滑裂体形状,形成了简便计算围岩侧压力的方法。

贾萍等则基于双剪统一强度理论,将作用在围护结构上的土压力视为空间问题,进而推导出了空间主动土压力双剪统一解的简化计算公式。利用该公式,讨论了中间主剪应力影响系数对主动土压力及其参数的影响,并与工程实例进行对比分析,得到了较好的验证效果。

张勤针对矩形截面的深基坑,考虑了围岩空间效应,基于弹性抗力法提出了压力发挥系数概念,研究得出压力发挥系数的计算公式,同时利用该公式在考虑空间围岩应力的条件下,与实测值进行对比,得到了较好的验证效果。

徐杨等人利用塑性极限分析理论,推导了直线和对数螺旋线滑移模式下挡土墙主动土压力的计算公式,分析了各种滑裂面对主动土压力的影响,获得了最适合围岩侧压力的滑裂面形状。

王泽利用数值试验结合模型试验的研究方法,分析了单片围护结构在围岩侧压力作用下的力学特性,由此对围岩侧压力的空间效应开展了研究,得到在深基坑以及大断面的竖井中,基于三维空间考虑的理论求解值更接近实际的测量值,强调了基坑以及大空间的竖井三维力学效应分析的重要性。

蒋斌松等利用 Mohr-Coulomb 准则,进行了非关联弹塑性分析,获得围岩应力和变形的封闭解析解,并利用弹塑性交界处的应力连续条件,以及在破裂和塑性交界处径向应变连续的条件,获得了确定围岩破裂区和塑性区半径的解析式。

陈梁等利用 Drucker-Prager 屈服准则和非关联流动法则,考虑中间主应力、塑性区弹性应变及岩体剪胀性的影响,推导了圆形截面巷道围岩应力、变形及塑性区半径的封闭解析解。结合工程实例,与解析解求得结果进行对比,验证了圆形巷道围岩应力解析解的正确性。

刘璐璐基于统一强度理论对斜井围岩进行弹塑性理论求解,并考虑渗流对围岩弹塑性解的影响,最终得到斜井围岩应力的通式,并与实际工程案例对比,验证了理论的正确性。

综上所述,各国的专家、学者针对围岩侧压力的空间效应问题,开展了大量的研究,其中关于产生围岩侧压力滑裂体和围岩应力的解析解研究较为丰富。虽然这些研究主要针对的是基坑以及挡土墙等较浅的围护结构,针对深竖井的研究还比较匮乏,但这些研究成果仍可以为本书研究深竖井围岩侧压力提供理论依据。本书的研究既具有一定的创新性,也具有一定的可行性。

3) 围岩侧压力非线性分布规律理论研究

围岩侧压力的研究不仅涉及竖井水平方向上的分析讨论,还涉及另一个重点内容,也是本书研究的重点——关于围岩侧压力沿着竖井深度的分布特征。根据现行规范以及常用的朗肯、库伦、极限平衡土压力理论,一般当竖井深度小于 40 m 时,按照侧压力随着深度线性增加的规律考虑;当深度大于 40 m 时,则会对竖井深部的围岩侧压力进行相应的修正。但是具体的修正大小以及出现修正的位置,在现行的规范中并没有详细的理论解释。因此,针对深竖井的围岩侧压力沿深度方向的分布特征研究具有很高的科研价值。

1943 年,太沙基通过大量的模型试验,在其著作中提到了侧压力分布具有非线性的特点,认为侧压力并非沿着长度会一直增加,而是达到一定的程度出现拐点,甚至侧压力减少。

此后,大量的科学家对侧压力的非线性进行了分析。缅里茨柯夫利用试验手段,测试侧压力的分布曲线,证实了侧压力的非线性分布的正确性。但该理论的适用性较差,并未得到大力推广,侧压力的非线性分布理论发展迟缓。

第一个将侧压力非线性分布形成理论的是卡岗。1960年,卡岗在研究挡土墙侧压力分布一文中,提出了利用水平层分析法计算侧压力的分布趋势。卡岗认为侧压力沿着墙高分布,并非三角形分布而是曲线形分布,这样的曲线形分布在墙高的中间位置处,并取得侧压力的最大值。

蒋莼秋基于卡岗的非线性理论,对单一斜面和任一角度的墙背后侧压力分布进行了分析,在此基础上与库伦土压力理论进行了对比,并对库伦土压力计算式进行了分析,完成了合理的改进。

Wang Y S基于滑动楔形体极限平衡的概念,采用库伦土压力理论,沿着围护结构深度方向选取片体单元进行分析,建立了挡土墙土压力强度的一阶微分方程,并得到了该微分方程的精确解,也用模型试验检验了该精确解的合理性。

阮波等利用微分单元体的静力平衡条件,研究了土压力的分布规律,并提出确定破裂角的方法,同时对土压力分布及破裂角的影响因素进行了分析,最终形成了基于深度变化的土压力计算公式,认为围岩侧压力分布曲线与围岩内摩擦角和墙背摩擦力关系密切。

李兴高等基于极限平衡变分法,在已有研究成果的基础上,分析了水平层分析法两个假定的合理性。研究表明,主动土压力强度沿墙高的分布对土条顶底面的法向力作用点位置系数非常敏感,法向力作用点位置系数为墙高的函数。

白哲等基于水平层分析法的拟动力法,结合工程实例,编制了求解侧压力的数值积分程序,利用该数值积分程序,指出岩石地层的围岩侧压力具有非线性分布的特点。

Chong-Wu M A等认为传统的库伦、朗肯压力理论不再适应山区岩石地层条件,并针对岩质边坡的特点,考虑滑动土楔形体内水平土层间存在的平均剪应力,引入水平层分析法,得到非线性分布的主动土压力表达式。同时分析了墙背倾角、墙土摩擦角、岩土摩擦角、岩质坡面倾角、填土内摩擦角或填土宽度等参数对侧压力分布的影响。

综上所述,在当前的侧压力分布规律研究中,绝大多数研究都利用水平层分析法,采用该理论可以有效地分析侧压力非线性分布的特点。但这些研究,绝大多数都是针对填土地层,而对岩石地层侧压力的分布特征研究较少且并未形成相应的体系。在当前的岩石地层竖井侧压力研究中,侧压力分布研究依然沿用填土地层的基本理论,这样的近似在竖井较浅时计算误差小且方便。但针对深竖井工程,这样的计算会导致深部区域围岩侧压力计算存在较大的误差。

1.2.2 岩石力学模型试验理论研究

相似模型试验可实现工程系统与模型系统的同步相似,具备结果准确直观、操作简便的特点。在工程研究中,利用模型试验开展规律性分析的研究较多。近年来城市化进程加快,城市轨道交通逐年增多,作为车站主体的重要附属结构——竖井随处可见。城市地铁项目由于其地理位置的独特性和使用功能的多样性,截面通常为异于传统的圆形,城市轨道交通竖井截面尺寸通常较大。竖井周围岩土体的稳定性以及安全性受到威胁,确定深竖井开挖的围岩压力和支护结构的稳定性显得极其重要。

在岩土力学的发展过程中,利用模型试验研究岩土力学规律是最常见的方法。太沙基利用模型试验,揭示了使用朗肯与库伦压力理论的限制条件,并发现挡土墙侧压力分布并非一直线性增加,从而提出了土压力的非线性理论。

Jansen 通过模型试验,分析侧压力与竖向应力的关系,得到了微分单元土体的侧压力微分方程,为理论研究土拱效应打下了坚实的基础。

Sherif 等利用振动台模型试验对砂性土进行模拟,测试挡土墙主动土压力沿墙高的分布情况。在模型试验结果中分析得到,侧压力在上部曲线分布中满足传统土压力理论,但是在深部位置,侧压力与密度等参数无关。

陈页开自制模型试验箱,进行侧压力的模型试验研究,分析得到了在不同位移条件下侧压力的大小,从而拟合出侧压力与岩土位移之间的函数关系式。

张庆松等为了分析隧道在扰动下围岩应力的演变过程,研制了大型三维地质模型试验系统,揭示了围岩开挖过程中及断层后的隧道围岩的应力应变、渗流压力、位移以及涌出物等特征参数的变化规律,模型试验结果与实际工程灾变特征具有较好的一致性。

段志慧等利用振动台模型试验,分析了隧道结构的动力响应特性及隧道与围岩的相互动力作用,揭示了地震波在土体中的传播特性因隧道结构的存在而发生了改变,隧道的存在对其周围土体和地表的加速度峰值有一定的减小作用。

孙志亮等设计了比例为 1:12 的堆积体边坡模型试验,分析其在连续地震荷载序列作用下的加速度响应特性与坡顶位移的发展趋势。

由此可知,模型试验在岩土力学分析中的应用非常广泛。但目前的模型试验针对竖井围岩侧压力的研究却很少,针对模拟竖井开挖施工过程的模型试验更是未见报道。因而本书的研究具有研制模型试验系统的发明价值。

模型试验在岩土力学分析中,不仅需要研制的模型试验系统满足力学试验条件,还需要研制相似材料匹配岩土的基本力学特性。从岩土模型试验发展至今,国内外的专家针对岩土的力学特性,进行了大量的相似材料研究。

顾大钊在开展模型试验过程中,采用石膏、砂、水混合料和硼砂作为岩石的相似材料,分析了砂、石膏的力学特性对其相似材料的物理力学性质影响,同时还测试了各种配比的相似材料力学性质。

安伟刚选用水泥、石膏模拟岩石,通过大量的水泥、石膏参数测试试验,对比分析了水泥、石膏构成的相似材料与岩石在物理力学性能上的差异。

张林等利用石英砂、铁粉、重晶石粉、松香、酒精等混合材料组成 MIB 材料,采用该材料完成了模型试验研究。为了降低成型材料的变形模量,将氯丁胶黏剂在散粒体表面加膜处理。

赵国旭等依据兖州矿区的地质采矿条件,研究大条带综放开采引起的岩石破坏特征、地表沉陷规律,进而设计相似材料的模型试验,并在模拟基岩时采用河砂、云母为骨料,碳酸钙、石膏为胶结物的相似材料。对表土和煤,由于其容重小,加进适量的锯末以减少相似材料的容重。

黄国军等在研究牛头山双曲拱坝整体稳定性的三维地质力学模型试验中,采用铁粉和重晶石粉作为模型试验的基本填充料,用机油为填充料的黏结剂,并以皂化油加水(按一定比例)为防锈剂,同时以膨润土作为添加剂,进行了岩石地层的力学性质研究。

苏伟等在模拟灰岩时,采用石膏、水泥作为填充材料的胶结物,并以中粗河砂作为骨料,外加硼砂溶液、水制成相似材料,进而研究相似材料与灰岩的相似度。

Li K 等针对重庆Ⅳ级围岩的力学特性,选用中粗砂、石灰、石膏作为相似材料的基本原料,完成模型试验系统的研制,分析隧道围岩的稳定性。

Wu M J 等利用模型试验分析大跨扁平拱隧道最佳的二次衬砌支护时机,在研制该模型试验系统中,采用中粗砂、石灰、石膏模拟围岩,并对几种材料实验配比分别进行岩石力学基础实验,最终选择了 5∶8∶2 的模型试验配比,基于该配比模型试验得到了较好的试验效果。

俄罗斯、日本、葡萄牙、意大利等国均采用纯石膏材料来模拟大坝和地下厂房的岩石地层,并取得了较好的模型试验效果。

综上所述,当前国内外岩石地层基本采用纯石膏、石膏、水泥、石灰的混合材料作为模型试验的相似材料,且相似材料选取的研究成果较为成熟,效果良好。在选择相似材料的原料过程中,有一定的理论研究基础。但是针对相似材料的具体配合比选择,还需要根据围岩力学参数,结合相似材料物理力学试验结果综合分析确定。

1.2.3 竖井施工及支护设计研究现状

1)竖井施工方法

竖井施工掘进方法包括正向掘进法和反向掘进法两种。竖井施工开挖时,沿着井壁自上而下进行开挖的方法就是正向掘进法。正向掘进法的优点是施工工艺和工序简单明了,但存在各工序之间不能平行作业的缺点,导致施工速度较慢,影响工期;并且正向掘进法出渣难度较高,需耗费更多劳动力和机械设备,将增加施工成本等。

反向掘进法,即是自下而上进行竖井施工开挖的方法,包括全断面反向掘进法和反导井掘进法两种施工方法。全断面反向掘进法的优点是能够一次开挖成型竖井截面,缺点是施工强度大、技术难度高,并且对提升设备有一定的要求。反导井掘进法的步骤:①在竖井截面中心轴线钻一个垂直孔,再将吊绳沿孔放下,通过吊绳提升吊篮至相应的作业位置,进行反导井的施工开挖;②待反导井开挖完成至地面后,再自上而下沿竖井截面设计轮廓线进行扩井施工,开挖产生的石渣便沿着导井自由降落至井底,然后通过井底通道将石渣外运出去。反导井掘进法的优点是大大减少钻孔量,降低作业强度,缩短施工时间,加快工期。

竖井施工方法的选择涉及诸多因素,具体包括围岩工程水文地质条件,竖井截面形状、尺寸及开挖深度,周围施工环境,支护方式,工期要求,施工设备、技术条件,以及工程经济性和安全性等。根据施工条件的不同,竖井施工方法主要包括钻爆法、冻结法和 TBM 法。

①钻爆法。通过钻孔、装药、爆破开挖岩石的方法,简称钻爆法。这一方法从早期由人工手把钎、锤击凿孔,用火雷管逐个引爆单个药包,发展到用凿岩台车或多臂钻车钻孔,应用毫秒爆破、预裂爆破及光面爆破等爆破技术。

②冻结法。其优点是能够有效隔绝地下水,适应性强,几乎不受地层条件的限制,施工灵活方便无污染,且经济合理。目前冻结法已经广泛应用于矿井、地铁、深基坑、水利工程、河底隧道等地下工程的施工。

③TBM 法。全断面隧道掘进机在国内有两种提法:一种是岩石掘进机,即 TBM;另一种是盾构机。TBM 适用于硬岩掘进,盾构机适用于软岩掘进。TBM 又可分为敞开式 TBM、双护盾式 TBM 和单护盾式 TBM。TBM 法将钻井、掘进、

支护集于一身,采用电子、遥控等高新技术对开挖全过程进行制导和监控,施工开挖过程安全、高效。目前 TBM 法已经广泛应用于水利水电、交通、市政、国防等地下工程的施工。

2) 竖井支护设计研究现状

竖井支护结构设计发展到今天,已形成了一套比较完善的设计体系,主要包括常规设计方法、弹性抗力法和数值分析法 3 种设计方法。常规设计方法的竖井侧压力通常是依据平面挡土墙理论或圆柱形挡土墙理论计算得到,据此确定井壁设计荷载之后,再按照拉麦公式和能量理论确定支护措施和衬砌厚度等。弹性抗力法将支护结构、支撑体系简化为空间杆系结构、支护结构上有土弹簧支座,且作用有来自土体的土压力,运用杆系有限元的方法进行计算,求得该结构的内力与变形。数值分析法具有计算速度快、考虑因素全面、方便使用且结果精度较高等特点,应用普及程度十分迅速,主要包括有限单元法、边界单元法、离散单元法和有限差分法等。

郭力针对深厚表土层井壁围岩水平压力的不均匀性,通过理论分析、数值模拟和室内物理模拟试验相结合的方法展开了深入研究。

申奇以广东省天然气管网二期工程为依托,针对圆形工作井围护结构设计理论进行了分析研究。他通过编制竖井监控量测方案,测量了竖井围护结构衬砌侧压力,再根据测量结果研究分析结构的内力和变形;针对竖井开挖过程中围岩应力的变化,采用三维有限元数值模拟软件进行开挖支护模拟分析,并对围护结构力学性能影响较大的连续墙厚度、入土深度和基坑基底高压旋喷加固区大小进行优化研究。

钟应伟研究分析了竖井井壁的开裂特征,揭示了竖井井壁开裂的外部显现规律及内部破裂面的发展本质,然后利用 Flac3D 软件对探矿竖井施工开挖进行模拟,综合对比各初期支护方式的支护效果,确定最佳支护方案。

鲁治城等依托姚家山矿千米立井,运用理论方法预测竖井围岩压力,针对超深竖井围岩的稳定性问题进行研究分析,并对比分析竖井最佳支护厚度,对工程施工重点危险区域进行了支护专项研究。

吴迪以三山岛金矿竖井为研究实例,针对深竖井开挖对不同深度围岩稳定性的影响采用 ANSYS 数值模拟软件进行分析,从合理性和安全性方面深入地评价拟定的支护设计方法,并对其进行优化,最终提出最佳支护措施。

杜良平依托秦岭终南山隧道 2 号竖井工程,从围岩压力分布、竖井深度、软弱夹层的分布状态和不同的施工开挖顺序方面对围岩稳定性的影响展开了分析研究,依据研究结果优化依托工程的支护结构设计方案。

杨官涛等针对竖井稳定性进行了理论研究,通过弹塑性分析推导了竖井围岩与支护结构的应力、位移和支护厚度的理论公式,并将 Drucker-Prager 强度准则和安全系数联系起来,形成了一种竖井工程的安全系数评价方法。

周荣依托大坪里隧道 3 号竖井工程,通过数值模拟分析竖井的开挖支护施工过程,研究竖井围岩位移和应力的变化特点与规律。此外,通过考虑围岩应力释放率研究应力释放程度的不同对围岩稳定性的影响,研究结果显示,随着应力释放程度的增加围岩位移增大而应力减小。

宋金良针对圆形工作井的结构性状进行了深入的研究探索,通过理论分析建立了环-梁分载理论,并开发了相应的数值计算软件。

谢永利等针对竖井围岩侧压力开展了室内模型试验,研究侧压力的形成演化和分布规律,提出了一种计算竖井围岩侧压力的新方法,分析如何有效地减少井壁侧压力,并据此对竖井进行支护结构的设计优化。

Guz 针对矿山竖井的变形机理进行了深入的研究探讨,分析了竖井施工开挖过程中围岩和支护结构的力学行为,并阐述了竖井围岩稳定性的评价方法。

Kot F. Unrug 针对竖井围岩压力计算及支护结构的设计提出了一套规范,提供了竖井设计施工优化的重要理论基础。

M. Shtein 依托实际工程,利用数值模拟和现场实测对比分析了矿井施工开挖后底部的围岩应力状态及位移变化情况。

Akopyan 针对竖井井壁受力不均匀现象进行了深入研究,揭示了竖井支护结构大多为非对称破坏的原因,并研究得出一系列成果。

S. A. Konstantinova 采用理论方法,分析计算了竖井分别在无支护和有支护情况下的围岩压力及其演化分布规律,以及相应的位移变化规律。

Klrkbride M 对超深竖井工程的建设施工进行了分析探讨,对比分析不同支护方案对超深竖井稳定性的影响,并依据研究结果提出适应于超深竖井的特殊支护方式。

1.3 研究内容、方法以及技术路线

1.3.1 研究内容

1)竖井开挖过程相似材料模拟试验研究

(1)Ⅳ级围岩的相似材料选择

利用模型试验分析围岩侧压力的关键就是合理地模拟围岩力学特性,选出合适的相似材料以及最佳配合比,从而客观地反映围岩的力学特性。基于相似理论,确定影响深竖井围岩侧压力分布的主要参数,构建相似系数函数关系式;利用前人提出的最佳配合比试验成果,选出 4 种相似配合比进行相似材料标准试件的制作;按照相似系数函数关系式中的参数要求,将构件进行相应的物理力学参数试验,分析试验结果;将 4 种配合比的相似材料基础试验结果代入相似系数函数关系中求解、分析,选定最佳配合比,为后续的竖井开挖模型试验提供材料基础。

(2)模型试验系统研制及模型试验的开展

对竖井的顺作施工方法、模型试验箱、侧压力数据采集系统 3 个部分进行

设计,形成一套完整的模型试验系统。该系统既能够模拟竖井开挖,又能模拟围岩应力演变过程,还能准确量测模型试验的围岩侧压力。

(3)试验结果分析及围岩侧压力分析

根据模型试验测试结果,分别从时空效应、水平方向、深度方向 3 个角度对围岩侧压力试验结果进行分析,基于极限平衡拱理论解释围岩深度曲线的分布特征;基于复变函数围岩应力解析解推导竖井周边围岩侧压力的求解通式,进而分析水平方向的分布特点。通过三维数值模拟,对比数值试验和模型试验的求解结果,进行相互验证。

2)基于敏感参数分析和 BP 神经网络预测的拐点位置预测

围岩侧压力深度曲线分布存在增加的拐点,分析拐点位置有助于了解围岩侧压力的深度曲线分布特征。基于三维数值模拟,采用敏感参数分析,研究各个围岩参数对拐点位置的影响。求解得到各个参数的敏感性,确定影响围岩侧压力的最重要敏感参数。利用 BP 神经网络,通过 MATLAB 建立神经网络预测模型,预测拐点出现的位置。

3)依托工程深竖井围岩及初期支护施工力学行为研究

基于模型试验分析结果,确定岩石地层深竖井支护措施。建立三维有限元数值模型,研究深竖井施工过程围岩及初期支护的力学行为;通过应力释放程度的变化探讨支护时效的影响,对比分析施工过程中围岩位移、应力和塑性区的变化规律,以及初期支护结构的受力特征。

4)岩石地层深竖井初期支护参数敏感性分析及支护方案优化研究

采用因素敏感性分析方法对岩石地层深竖井初期支护参数进行单因素敏感性分析,依据初期支护参数影响程度并结合其他因素对岩石地层深竖井支护参数进行优化,对比分析优化前、后的围岩位移和支护结构内力,从安全性、经济性和合理性方面对优化效果进行评价。

1.3.2 研究方法

①根据相关文献,建立竖井模型试验的相似理论函数关系式。制作相似材料基础构件,利用 WADJ-600 型微机控制电液伺服岩石剪切流变试验机,完成相似材料的物理力学试验。基于相似理论,研制模型试验系统,实现模型试验的开挖方式、围岩应力变化的模拟和数据的直接采集。

②利用 MIDAS 软件进行数值模拟试验,对比数值试验和模型试验的求解结果,进行相互验证。

③采用极限平衡拱理论和复变函数围岩应力解析解的求解方式,分析围岩侧压力水平方向、竖直方向上的分布特征。

④基于 MATLAB 计算软件,采用 BP 神经网络、敏感性参数分析方法预测围岩侧压力拐点出现的位置。基于神经网络预测模型求解的结果,利用 Origin 非线性拟合,得到 Ⅲ、Ⅳ、Ⅴ 级围岩侧压力分布曲线的拐点位置通用经验公式。

⑤基于依托工程,利用 MIDAS 软件进行数值模拟试验,研究岩石地层深竖井围岩及初期支护施工力学行为,评价岩石地层深竖井的稳定性。

⑥采用因素敏感性分析方法对竖井初期支护参数进行单因素敏感性分析,通过数值模拟对比分析优化前、后的围岩位移和支护结构内力,从安全性、经济性和合理性 3 个方面评价优化效果。

1.3.3 技术路线

本书结合现有的围岩侧压力理论研究,利用模型试验分析竖井侧压力时空效应,水平分布、竖直分布特征;运用极限平衡拱理论、复变函数的围岩应力求解理论,分析围岩侧压力水平分布、竖直分布的特点;利用数值模拟软件,采用敏感性分析和 BP 神经网络模型对围岩侧压力拐点出现的位置进行预测。详细的技术路线如图 1.1 所示。

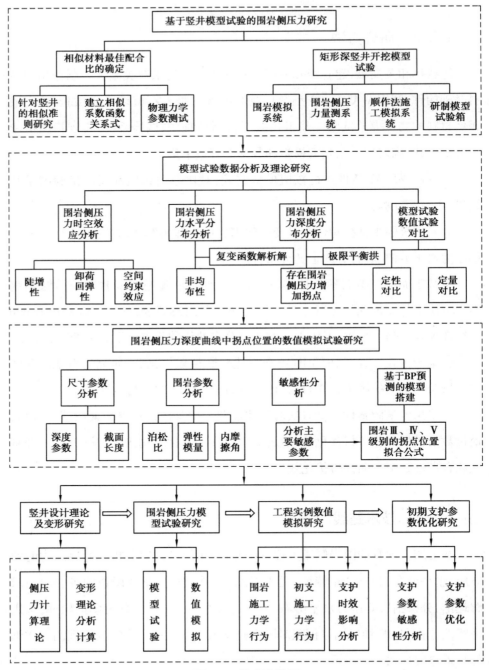

图 1.1　技术路线图

2 模型试验相似理论及基础实验分析

　　与传统的山岭隧道、矿山巷道圆形截面深竖井相比,城市轨道交通的深竖井有着横截面为矩形且尺寸较大的特点。如果继续沿用传统圆形截面竖井的均匀受压理论计算矩形深竖井的围岩侧压力,会导致在某些点位上围岩的侧压力计算不合理。传统的竖井设计规范都依照松散体荷载理论指导计算,认为当竖井深度小于 40 m 时,侧压力随着深度线性增加;当竖井深度大于 40 m 时,则会对竖井深部的围岩侧压力进行相应的修正,但是具体的修正大小以及出现修正的位置,现行的规范中并没有详细的理论解释。同时,在城市轨道交通深竖井中,深度超过 40 m 的竖井近年来越来越多。因此,依托山地城市轨道交通工程开展研究具有很强的现实意义。

　　岩土工程的力学试验通常分为现场测试和实验室模型试验。现场测试具有直观、真实的特点。但是,城市轨道交通的路况复杂、受条件限制多,难以开展现场测试,另外,在竖井开挖过程中,布测的点位容易受到破坏,影响数据采集,同时现场监测收集到的数据,通常是竖井开挖一段时间之后,才布设点位量测得到的结果,并不具备及时性。而采用基于相似准则的模型试验,具有准确、及时、易开展的优势。

2.1 模型试验系统的设计

竖井模型试验主要包括两个部分:第一部分为相似材料物理力学参数试验。其主要内容为基于相似原则,建立模型试验与实际工程项目的相似关系,并整合得到模型试验需要测得的物理力学参数,进而选出模型试验的相似材料最佳配合比。第二部分为竖井模型开挖试验。其主要内容为设计模型试验系统,准确模拟实际竖井开挖过程,得到竖井模型在开挖过程中的围压分布数据。

本节主要对第一部分进行研究,具体内容如下:

①分析相似准则,确定需要测定的参数以及建立相似系数的函数关系。

②选择 4 种配合比作为目标配比,针对每组配比分别制作 30 个模型标准试件,便于试验参数的测定。

③获得每组配比的每个构件力学参数试验结果,利用数理统计正态分布知识,对测得的各项物理参数试验数据进行置信区间处理,确保试验数据接近真值。

④将测得的物理参数试验结果代入相似准则函数关系式中,分析各个配合比的相似系数函数关系值,确定模型试验的最佳配合比。

模型材料物理参数测试实验系统结构如图 2.1 所示。

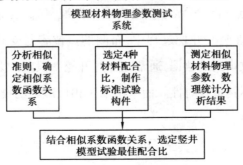

图 2.1　模型材料物理参数测试系统

2.2 围岩物理力学参数

依据轨道交通相关设计规范,选取Ⅲ、Ⅳ、Ⅴ级围岩物理力学参数的平均值进行分析,具体的物理力学参数见表2.1。

表2.1 围岩物理参数表

围岩级别	E/MPa	E_s/MPa	c/kPa	μ	γ/(kN·m⁻³)	φ/(°)	σ_c/MPa
Ⅲ	5 875	4 727	1 500	0.22	25.1	41	25
Ⅳ	2 380	1 759	700	0.34	25.6	32	19.9
Ⅴ	1 470	1 120	600	0.37	25.6	31.49	10.9

2.3 模型试验相似原理

模型试验作为真实情况的客观还原,只有在满足相似理论之后,才能得到接近现实情况的可靠结果。因此模型试验与相似理论的选择密切相关。

2.3.1 量纲分析原理

自然科学中各种物理现象往往存在着一定的规律,规律中的各个物理量通常并不是相互独立的,而是通过一定的关系相互联系着。将这些物理量中的某些量提取出来,得到的就是基本量。如果对这些量建立起某种测量单位,那么其他所有的物理量的测量单位,均可通过推算由这些物理量来表示。

在单位系统中,选定的几个最基本、且各自独立的量就是基本量的单位,再通过其他的物理规律推算表示其他的物理量的物理单位,即为导出单位。一个物理量不仅由本身的数值表示,还由其中的物理量纲共同客观地表示物理量的大小。即测量任何一个物理量,就是将此量与被选作测量单位的同类量相比较,并且用数字来表示所得到的比例,其中,凡数值取决于测量单位的量就是量纲量;凡数值与测量单位的量无关的量就是无量纲量。例如,两个量纲相同的物理量之间做商,那么所求得物理量即为无量纲的量。由于无量纲量的数值与具体的测量单位无关,因此可利用无量纲量描述相似现象。无量纲量在相似系统的对应点上具有完全相同的值,即无量纲量对相似变换和单位变换是不变的。无量纲量又称为相似不变量,利用无量纲的量的表示原理,即将模型试验系统与现实情况联系在一起,并客观地反映出实际的变化情况。

2.3.2 相似原理

任何的物质体系都有着相应的变化过程,而对物理力学过程的模拟则主要包括体系的形态以及某种变化过程的相似。只有当模型试验与物理力学过程具有同一的物理性质,才能有严格意义的相似。

对工程力学过程,模型试验主要是依据实际现象,在实验室进行尺寸上的放大或缩小,从而间接研究实际工程的力学变化。换言之,相似原理就是建立模型试验与工程之间相似关系的理论。模型试验一般需要满足以下5个条件:

(1)几何相似

几何相似是模型试验必须遵守的第一个条件,主要是指满足模型与原型在外形上的基本相似,大小上呈现出相应的比例对应关系,夹角上保持相等,即模型是原型在几何尺寸上的准确放大缩小复制品。相似系数可表示为

$$C_l = \frac{l_p}{l_m} \tag{2.1}$$

式中 C_l——几何相似系数；

l_p、l_m——实际工况和模型试验几何尺寸。

（2）质量相似

对实际工程，力学的动态变化为其主要的变化形式。基于牛顿第二定律，模型试验必须满足质量相似的条件，才能准确地模拟动力学过程。而这一过程主要涉及介质质量的大小和分布的相似。在实际工程中，假设介质均匀分布，用密度 ρ 来保证模型与工程在质量上的相似性。具体的密度相似比表示为

$$C_\rho = \frac{\rho_p}{\rho_m} \tag{2.2}$$

式中 C_ρ——质量相似导数；

ρ_p、ρ_m——实际介质密度和模型试验介质密度。

（3）荷载相似

正如质量相似中所描述，对于动力学过程来说，力学上的相似模拟是必要条件，荷载相似也是模型试验设计中必须考虑的因素，即模型和原型在对应点上所受的荷载方向一致，荷载大小成一定的比例，具体的荷载相似比表示为（设 F 为荷载）

$$C_F = \frac{F_p}{F_m} \tag{2.3}$$

式中 C_F——荷载相似系数；

F——荷载；

p,m——分别表示实际工况和模型试验。

（4）介质物理性质相似

介质物理性质相似主要是指工程原型介质与模型试验相似材料，在介质各点的应力 σ、泊松比 μ、弹性模量 E、剪切模量 G 满足一定的比例，具体表示如下：

应力相似比：

$$C_\sigma = \frac{\sigma_p}{\sigma_m} \tag{2.4}$$

式中　C_σ——应力相似系数；

　　　σ——应力；

　　　p,m——分别表示实际工况和模型试验。

泊松比相似比：

$$C_\mu = \frac{\mu_p}{\mu_m} \tag{2.5}$$

式中　C_μ——泊松比相似系数；

　　　μ——泊松比；

　　　p,m——分别表示实际工况和模型试验。

弹性模量相似：

$$C_E = \frac{E_p}{E_m} \tag{2.6}$$

式中　C_E——弹性模量相似系数；

　　　E——弹性模量；

　　　p,m——分别表示实际工况和模型试验。

剪切模量相似比：

$$C_G = \frac{G_p}{G_m} \tag{2.7}$$

式中　C_G——剪切模量相似系数；

　　　G——剪切模量；

　　　p,m——分别表示实际工况和模型试验。

（5）边界条件相似

对于模型试验来说，准确模拟实际工况的边界约束条件同样重要。模型试验研究，需要对实际的工程边界条件详细分析，并用于设计模型试验的边界条件。

2.3.3 相似三定理

1) 相似第一定理

模型试验的相似理论基础为相似三定理。第一定理由法国 J. Bertrand 建立,主要指的是对相似的现象,其相似准则的数值相同,即对相似的现象的内部物理关系,其相似比例经过物理关系计算后,得到单位 1 的结果。

平面中任一质点运动微分方程:

$$v = \frac{\mathrm{d}u}{\mathrm{d}t} \tag{2.8}$$

分别用 p 和 m 下标表示原型工况以及模型试验所对应的物理量,可表示为

$$v_p = \frac{\mathrm{d}u_p}{\mathrm{d}t_p}$$
$$v_m = \frac{\mathrm{d}u_m}{\mathrm{d}t_m} \tag{2.9}$$

其中,原型和模型试验的物理量可用相似比系数表示为

$$u_p = u_m C_u$$
$$t_p = t_m C_t$$
$$v_p = v_m C_v \tag{2.10}$$

将式(2.8)代入式(2.10)可得

$$C_v v_m = \frac{C_u \mathrm{d}u_m}{C_t \mathrm{d}t_m} \tag{2.11}$$

由式(2.9)对式(2.11)进行化解,即可求得

$$\frac{C_u}{C_v C_t} = 1 \tag{2.12}$$

根据式(2.12)可知,对于模型试验的相似比例设计而言,只有满足一定的物理关系条件时,模型试验才能准确地反映实际的工况,这种反映关系,不是直

接的数值表示,而是其中包含着一定的物理数量关系。

2)相似第二定理

正如前文量纲分析中所描述,对一个物理量,其大小不仅取决于本身的数值,还取决于测量单位的选择。而在描述实际工程项目过程中,需要找到一个能够表示各个物理量规律的函数关系式,且这一函数关系式与所用的测量单位无关,这样就可以将模型试验的测量结果转换为实际工程的结果。而相似第二定理就是为寻找这样的规律提供的操作方法。

相似第二定理表述为:设一物理系统有 n 个物理量,其中有 k 个物理量的量纲是相互独立的,其物理关系表示为

$$f(a_1, a_2, \cdots, a_k, \cdots, a_n) = 0 \tag{2.13}$$

将导出物理量的量纲进行转化,即可得到关于这 n 个物理量的相似准则:$\pi_1, \pi_2, \cdots, \pi_{n-k}$ 之间的函数关系,即

$$F(\pi_1, \pi_2, \cdots, \pi_{n-k}) = 0 \tag{2.14}$$

依照此理论,可将相似第一定理中发现的全部有关物理量,进行原型和模型试验在相似系数上的转换,从而将原型的物理力学变化过程通过模型试验顺利地表示出来。

3)相似第三定理

相似第一定理是从现象上找出影响工程项目力学特性的物理力学参数,相似第二定理是从定量的角度上,利用一定的函数关系,将各个物理量利用无量纲化方法联系在一起。这两种方法都是模型试验相似原则的必要条件,而相似第三定理则是模型试验相似原则的充分必要条件,必须将原型与模型试验在几何条件、介质物理条件、荷载条件、质量条件、边界条件等联系在一起,才能准确地模拟实际工况。相似第三定理是模型试验的根本遵循原则。

4)相似定理之间的关系

相似第一定理是从现象上找出影响工程项目力学特性的物理力学参数,总

体上把握物理量的关系;相似第二定理是从定量的角度出发,利用一定的函数关系,将各个物理量利用无量纲化方法联系在一起。而相似第三定理落实到具体的单值条件,强调每个单值在各个条件上的相似,显示了相似原则的科学严密性。在实际的运用过程中,相似三定理的运用过程如图2.2所示。

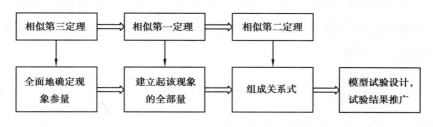

图2.2　相似定理关系图

2.3.4　竖井开挖相似准则的选用

基于前述的相似定理以及三者之间的使用关系,针对竖井开挖的特点,进行以下操作:

首先,根据相似第三定理,列出竖井模型开挖过程中需要确定的几何条件、介质物理条件、荷载条件、质量条件、边界条件的函数关系式。

其次,利用相似第一定理,分析每一种需要满足条件涉及的基本物理量:①几何条件,主要涉及的基本物理量是开挖尺寸:竖井的长 L、宽 B、高 H;②介质物理条件,主要涉及的基本物理量:介质密度 γ、单轴抗压强度 σ、泊松比 μ、变形模量 E_s、弹性模量 E;③荷载条件:本书主要考虑围岩自重作用下,围岩侧压力分布特征,按照围岩密度考虑荷载;④边界条件:在一个无限大的围岩介质平面中,当节点位置距离开挖尺寸超过3倍时,节点位移考虑为0,由此,确定模型试验的模型箱尺寸需要大于3倍开挖距离。

最后,利用相似第二定理,分析围岩参数的函数关系;针对竖井围岩侧压力分布特征研究,围岩体中质点的应力状态是研究的根本。针对质点应力分析,列出任意一点的静力平衡微分方程为

$$\frac{\partial \sigma_x}{\partial x}+\frac{\partial \tau_{yx}}{\partial y}+f_x=0$$

$$\frac{\partial \sigma_y}{\partial y}+\frac{\partial \tau_{xy}}{\partial x}+f_y=0$$

(2.15)

在实际的竖井开挖卸荷过程中,主要是基于水平围压方向进行扰动,考虑水平方向的轴力,忽略剪切应力对模型试验相似比的影响。建立模型试验相似系数函数关系式为

$$\frac{C_\sigma}{C_l C_\gamma}=1$$

(2.16)

式中 C_σ、C_l、C_γ——单轴抗压强度、竖井尺寸、介质密度的相似系数比。

根据式(2.16)可建立起几何条件、介质物理条件相应物理量之间的函数关系,而对竖井开挖,介质本身的物理关系也是重要的指导准则,建立介质内质点的物理方程为

$$\varepsilon_x=\frac{1}{E}\left[\sigma_x-\mu(\sigma_y+\sigma_z)\right]$$

$$\varepsilon_y=\frac{1}{E}\left[\sigma_y-\mu(\sigma_x+\sigma_z)\right]$$

$$\varepsilon_z=\frac{1}{E}\left[\sigma_z-\mu(\sigma_x+\sigma_y)\right]$$

(2.17)

同理,在分析相似参数时,仅考虑水平 x 方向的应变、应力,且应变为应力和弹性模量的导出量,设为单位1(无量纲的量),由此得到竖井开挖的另一个相似准则为

$$C_E=C_\sigma$$

(2.18)

式中 C_E——原型工况与模型试验的弹性模量相似比。

由此,针对竖井开挖建立了两个相似准则,后面基于这两个相似准则,对模型材料的物理力学参数进行整合,求出竖井开挖模型试验的最佳配合比,确保试验求解的准确性。

2.4 相似材料物理力学试验

2.4.1 模型试验试件制作

试验前,对重庆城区Ⅳ级围岩进行了资料的查阅,参考已有的模型试验相似材料配合比研究成果,结合矩形深竖井的具体特点,选定了相似材料的基本组成以及相似材料的初步试验配合比。

(1)相似材料的基本组成

①骨料:细砂。

②胶结材料:石灰、石膏。

(2)模型材料的配比

根据前人提出的围岩最佳配合比试验结果,针对Ⅳ级围岩的物理力学参数,选择4个配合比进行有关试验,见表2.2。

表 2.2 模型试验配合比

配比	砂胶比	配比	砂胶比
582	5:1	682	6:1
586		686	

注:配比栏中,各个数字分别代表:第1位数字是指砂胶比;第2位数字是指胶结材料中,石膏与石灰的比值;第3位数字是指拌和水量统一9:1(水的含量为1份)。

(3)试件制作

相似材料物理力学参数测定采用长×宽×高为 100 mm×100 mm×100 mm 的

试件,利用三联模型塑料箱,按照初步选定的 4 种配合比,进行模型盒刷油、材料称重混合、材料灌填,压密工作如图 2.3 所示。

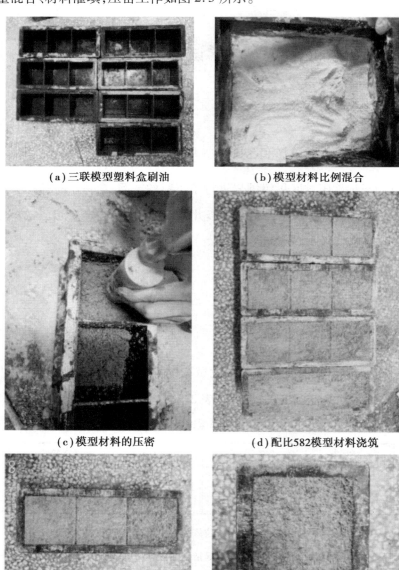

(a)三联模型塑料盒刷油　　　　　(b)模型材料比例混合

(c)模型材料的压密　　　　　　(d)配比582模型材料浇筑

(e)配比682模型材料浇筑　　　　(f)配比686模型材料浇筑

图 2.3　相似材料浇筑示意图

经过常温下 24 h 的自然通风干燥后,利用打气枪加压脱模,完成取试件的工作,常温条件下进行养护,如图 2.4 所示。共计完成配比 582 完整试件 30 个;配比 586 完整试件 30 个;配比 682 完整试件 30 个;配比 686 完整试件 30 个。

（a）配比582试件　　　　　　　　　（b）配比686试件

图 2.4　582 和 686 配比试件示意图

2.4.2　相似材料物理力学参数测试

完成试件的取模养护之后,根据矩形深竖井围岩的特点以及模型试验相似原理,对影响围岩侧压力的相关物理参数进行模型试件的试验测试,其中包括容重、单轴抗压强度、泊松比、弹性模量、变形模量。

1）容重测试

模型试件均由标准 100 mm×100 mm×100 mm 三联模型塑料盒脱模制成,其体积均为标准 0.001 m³,对试件称重即可求得相应试件的容重,详细的容重数据可见表 2.3—表 2.6。

2）单轴抗压强度测试

模型试件单轴抗压强度采用 WADJ-600 型微机控制电液伺服岩石剪切流变试验机测试,如图 2.5 所示。

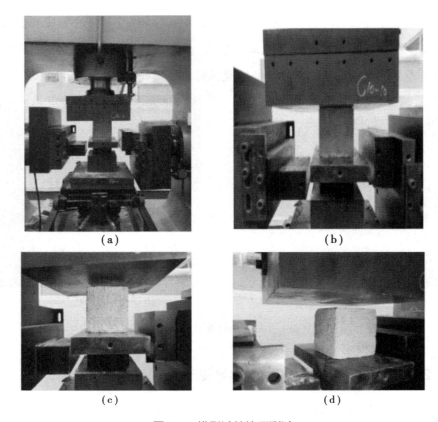

图2.5 模型试件抗压测试

（1）加载过程

为确保模型试件的抗压测试数据接近真值,本试验加载过程采用位移控制模式。岩石加载速率对岩石的力学试验数据有明显的影响,加载速率越大,测试得到弹性模量越大,加载速率越小,弹性模量也越小,且出现峰值应力不显著的现象。

本试验在压密阶段,以 1 cm/min 的速度加载,保证试件的充分压实;在初始弹性阶段,以 1 cm/min 的速度加载;进入塑性阶段,减缓加载速度,采用 0.1 cm/min 的速度加载,直至最终的加压破坏。如图2.6所示为各种配比试件的单轴加压破坏示意图。

(a)配比582-3试件破坏示意图　　　　　　(b)配比586-10试件破坏示意图

(c)配比582-15试件破坏示意图　　　　　　(d)配比586-18试件破坏示意图

(e)配比682-12试件破坏示意图　　　　　　(f)配比686-24试件破坏示意图

图2.6　试件破坏示意图

（2）破坏分析

岩石试件在单轴压力的作用下,通常呈现3种基本破坏形式:①劈裂破坏;②单斜面剪切破坏;③多个共轭斜面的剪切破坏。对4种配比的相似材料破坏形式进行具体分析可知,模型试件的主要破坏形式为劈裂破坏。由此可知,本模型试验采用的试件符合岩石的基本特性,从定性的角度看,相似材料满足岩石基本要求。

利用 WADJ-600 型微机控制电液伺服岩石剪切流变试验机,记录每一个模型试件加压全过程:压密阶段—弹性阶段—非弹性阶段—破坏阶段的位移—应力。相似材料模型试验的加载破坏曲线如图 2.7 所示。

根据图 2.7 中的应力-位移曲线,可以分析得到:在单轴加压过程中,模型材料主要出现了以下4个阶段:

①压密阶段:随着位移的增加,压强几乎不发生变化。

②弹性阶段:应力与位移呈线性增加的状态,试件基本都显示出较为明显的弹性状态变化趋势,586-4 号试件出现弹性阶段应力往复且应力变化不均匀的现象,分析其最终破坏的试件,发现该试件内部结构致密性不够,明显有空洞的出现。

③非弹性阶段:该阶段中压强不再随着位移发生线性变化,而是以非线性的变化形式达到试件的应力峰值。但在 582-16、686-11、686-19 号试件中,出现了在到达峰值强度前应力往复的现象,判断该现象主要是材料混合不均匀,部分材料达到峰值强度,但其余试件并未充分受力,出现了应力往复的现象。

④破坏阶段:达到峰值强度之后,随着加载位移的继续增加,材料的应力开始减少,且内部裂缝进一步扩大,直至完全丧失强度。分析所有试件可知,在部分试件中,存在破坏之后仍有残余强度的现象,这符合围岩的基本特点。

综上所述,通过分析相似材料试件的单轴加压破坏现象和加压过程中的应力-位移曲线可以得到,相似材料的破坏形式符合岩石的劈裂破坏,应力-位移曲线与岩石的应力-位移曲线完全契合。同时,试验基本数据也符合岩石的强度特点,选择该相似材料模拟围岩,在定性、定量角度上都是符合要求的。

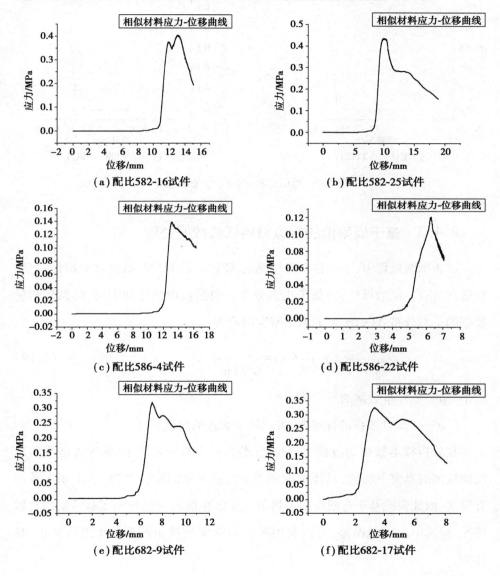

(a)配比582-16试件   (b)配比582-25试件

(c)配比586-4试件   (d)配比586-22试件

(e)配比682-9试件   (f)配比682-17试件

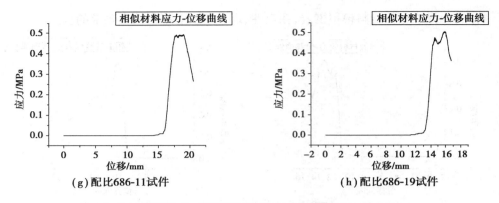

（g）配比686-11试件　　　　　　　　　　（h）配比686-19试件

图 2.7　相似材料试件应力-位移曲线

2.4.3　基于概率论的相似材料试验数据处理

试验加载过程中,由于存在随机误差,使得试验测量数据具有分散性,但该分散性具有一定的规律,近似于正态分布。根据数理统计知识可知,试验测量数据的正态分布 $N(\mu, \sigma^2)$ 的概率密度函数为

$$y = f(x) = \frac{1}{\sigma\sqrt{2\pi}} e^{-\frac{(x-\mu)^2}{2\sigma^2}} \tag{2.19}$$

式中　μ——样本数据的平均值;

σ——统计数据的标准差,表示样本数据的分散程度。

在分析样本数据的过程中,只有无数次的数据涵盖之下,样本才能真实地反映数据的真实平均值、总体标准偏差 σ。在实际的试验过程中,由于次数为有限次,因此只能基于有限次的平均值 $\bar{x}$ 及标准差 S,来估计该实验结果的离散情况,而其中出现的误差,可以利用英国科学家所提出的系数 t 进行修正,具体为

$$t = \frac{x-\mu}{S} \tag{2.20}$$

$$x = \mu \pm tS \tag{2.21}$$

其中,t 也呈正态分布,与置信水平和样本数据的多少有关,可通过查表求得。

置信水平 P 表示测定值在置信区间内出现的概率,表示为

$$P=95\% \text{时};x \subset (x = \mu \pm tS)$$

基于上述理论,对各配比的试验数据进行处理,使得测试结果尽可能接近真实值。详细的处理结果见表2.3—表2.6。

表2.3 582配比试件物理力学参数统计表

试件配比号	重度/ (kN·m⁻³)	单轴抗压强度 /MPa	泊松比	变形模量 /MPa	弹性模量 /MPa
582-1	20.80	0.320 8	0.35	34.427 0	39.785 0
582-2	21.15	0.422 8	0.28	19.786 0	40.228 0
582-3	19.98	0.441 2	0.27	21.318 0	40.006 0
582-4	21.10	0.412 3	0.25	25.853 0	39.654 0
582-5	20.62	0.459 0	0.24	21.023 0	41.235 0
582-6	19.38	0.450 3	0.27	25.105 0	40.047 0
582-7	20.80	0.457 9	0.27	21.326 0	36.844 0
582-8	20.67	0.395 8	0.26	20.058 0	42.965 0
582-9	19.84	0.309 7	0.28	21.401 0	34.223 0
582-10	20.35	0.443 0	0.26	26.343 0	51.431 0
582-11	20.04	0.465 9	0.25	23.192 0	39.043 0
582-12	20.03	0.466 1	0.27	30.891 0	43.563 0
582-13	19.28	0.367 6	0.24	25.832 0	23.117 0
582-14	19.63	0.470 5	0.25	24.113 0	40.040 0
582-15	21.11	0.402 1	0.27	23.060 0	42.903 0
582-16	20.25	0.402 8	0.28	23.836 0	39.076 0
582-17	21.00	0.455 5	0.28	25.763 0	43.886 0
582-18	19.88	0.444 5	0.27	19.298 0	43.652 0
582-19	19.43	0.420 4	0.28	23.704 0	44.431 0
582-20	19.50	0.328 3	0.27	24.085 0	35.594 0
582-21	20.49	0.434 6	0.27	19.521 0	40.781 0

续表

试件配比号	重度/ （kN·m⁻³）	单轴抗压强度 /MPa	泊松比	变形模量 /MPa	弹性模量 /MPa
582-22	20.07	0.463 9	0.27	21.478 0	42.701 0
582-23	19.84	0.399 2	0.28	39.502 0	33.259 0
582-24	20.53	0.439 4	0.25	21.363 0	31.748 0
582-25	20.21	0.435 5	0.25	42.578 0	35.266 0
582-26	19.67	0.437 7	0.36	18.778 0	36.730 0
582-27	19.90	0.398 3	0.27	22.762 0	41.568 0
582-28	19.46	0.414 5	0.36	24.287 0	39.372 0
582-29	19.31	0.419 7	0.27	35.029 0	51.426 0
582-30	20.71	0.542 0	0.20	24.963 0	35.578 0
平均值	20.17	0.424 1	0.27	25.022 5	39.671 7
标准差	0.58	0.047 8	0.03	5.868 6	5.459 0
置信上限	21.36	0.521 9	0.34	37.023 8	50.835 4
置信下限	18.98	0.326 2	0.20	13.021 2	28.508 0
处理后数据	20.17	0.423 9	0.27	23.878 4	39.414 0

对数据收集处理，并经数理统计分析得到，各个物理参数在 $P=95\%$ 时置信区间分布情况，并对数据中超出置信区间的数据进行排除，保证数据的真实性，从而整理出的数据见表2.3。同理，对配比586、682、686试件样本数据处理见表2.4—表2.6。

表2.4 586配比试件物理力学参数

试件配比号	重度 /(kN·m⁻³)	单轴抗压强度 /MPa	泊松比	变形模量 /MPa	弹性模量 /MPa
586-1	20.85	0.160 9	0.28	22.787 0	40.930 0
586-2	19.31	0.136 2	0.30	17.790 0	24.839 0
586-3	20.02	0.146 2	0.28	13.080 0	14.498 0

续表

试件配比号	重度 /(kN·m⁻³)	单轴抗压强度 /MPa	泊松比	变形模量 /MPa	弹性模量 /MPa
586-4	20.08	0.173 9	0.30	7.737 0	18.911 0
586-5	19.32	0.250 3	0.18	8.736 0	13.966 0
586-6	20.89	0.143 7	0.28	19.259 0	29.936 0
586-7	19.45	0.172 9	0.28	10.109 0	22.428 0
586-8	19.40	0.182 9	0.29	22.624 0	30.586 0
586-9	19.81	0.140 8	0.28	6.631 0	17.365 0
586-10	20.15	0.132 9	0.27	16.060 0	21.287 0
586-11	20.48	0.113 4	0.31	8.605 0	26.459 0
586-12	20.05	0.188 7	0.30	7.694 0	15.174 0
586-13	20.63	0.179 2	0.19	12.221 0	25.013 0
586-14	21.19	0.181 0	0.29	13.917 0	22.206 0
586-15	19.91	0.172 8	0.20	7.987 0	15.917 0
586-16	20.47	0.148 7	0.29	6.931 0	18.965 0
586-17	19.41	0.175 9	0.28	13.342 0	25.393 0
586-18	20.50	0.168 1	0.30	8.002 0	14.932 0
586-19	20.06	0.131 8	0.31	8.094 0	19.067 0
586-20	20.49	0.407 3	0.28	11.342 0	23.067 0
586-21	19.70	0.160 3	0.27	7.864 0	14.835 0
586-22	20.04	0.179 3	0.31	6.710 0	16.848 0
586-23	19.97	0.155 7	0.38	6.333 0	14.924 0
586-24	21.11	0.140 3	0.28	8.875 0	16.958 0
586-25	21.21	0.188 2	0.39	13.055 0	32.193 0
586-26	19.76	0.170 9	0.27	6.288 0	14.903 0
586-27	19.88	0.182 7	0.31	13.184 0	21.134 0
586-28	20.32	0.234 7	0.29	10.399 0	22.356 0
586-29	20.63	0.236 5	0.29	7.352 0	35.081 0

续表

试件配比号	重度 /(kN · m⁻³)	单轴抗压强度 /MPa	泊松比	变形模量 /MPa	弹性模量 /MPa
586-30	19.77	0.170 1	0.28	18.823 0	31.722 0
平均值	20.16	0.177 5	0.29	11.394 4	22.063 1
标准差	0.55	0.052 3	0.04	4.860 9	7.004 2
置信上限	21.30	0.229 8	0.37	21.334 9	36.386 6
置信下限	19.03	0.125 2	0.20	1.453 8	7.739 6
处理后数据	20.16	0.163 4	0.29	11.007 1	21.412 5

表 2.5　682 配比试件物理力学参数

试件配比号	重度 /(kN · m⁻³)	单轴抗压强度 /MPa	泊松比	变形模量 /MPa	弹性模量 /MPa
682-1	20.53	0.355 7	0.22	24.669 0	51.386 0
682-2	21.08	0.368 3	0.19	21.772 0	44.084 0
682-3	20.13	0.346 6	0.30	12.301 0	41.855 0
682-4	20.45	0.412 8	0.28	18.586 0	44.320 0
682-5	20.02	0.405 1	0.29	16.237 0	36.506 0
682-6	19.59	0.348 1	0.31	14.450 0	43.535 0
682-7	21.15	0.365 8	0.29	18.897 0	39.099 0
682-8	19.62	0.510 0	0.30	20.674 0	46.158 0
682-9	21.11	0.345 2	0.39	14.106 0	38.582 0
682-10	21.05	0.346 9	0.30	30.110 0	42.863 0
682-11	19.68	0.406 5	0.29	15.359 0	47.271 0
682-12	20.99	0.394 2	0.29	17.213 0	39.217 0
682-13	20.69	0.391 7	0.30	17.432 0	42.960 0
682-14	19.66	0.376 9	0.29	17.248 0	40.164 0
682-15	20.94	0.405 1	0.32	14.048 0	37.807 0

续表

试件配比号	重度 /(kN·m⁻³)	单轴抗压强度 /MPa	泊松比	变形模量 /MPa	弹性模量 /MPa
682-16	19.88	0.272 7	0.31	18.508 0	36.838 0
682-17	19.57	0.365 4	0.32	14.163 0	41.538 0
682-18	20.00	0.345 8	0.29	13.612 0	41.281 0
682-19	20.30	0.368 7	0.32	16.095 0	41.760 0
682-20	21.17	0.515 4	0.29	9.411 0	25.911 0
682-21	21.04	0.336 2	0.33	11.769 0	37.412 0
682-22	20.14	0.384 3	0.34	15.576 0	39.572 0
682-23	19.76	0.396 2	0.29	9.095 0	40.471 0
682-24	21.02	0.379 7	0.30	19.385 0	46.671 0
682-25	21.16	0.386 2	0.31	9.843 0	56.290 0
682-26	19.88	0.412 3	0.29	17.665 0	46.100 0
682-27	20.57	0.353 5	0.28	9.735 0	37.354 0
682-28	19.45	0.206 6	0.31	5.711 0	36.583 0
682-29	20.80	0.387 1	0.29	13.419 0	42.472 0
682-30	20.28	0.453 0	0.19	18.689 0	37.033 0
平均值	20.39	0.378 1	0.29	15.859 3	41.436 4
标准差	0.59	0.057 6	0.04	4.943 2	5.415 9
置信上限	21.60	0.495 9	0.37	25.968 1	52.511 9
置信下限	19.18	0.260 2	0.21	5.750 5	30.361 0
处理后数据	20.39	0.374 4	0.30	15.712 8	41.460 4

表2.6   686配比试件物理力学参数

试件配比号	重度 /(kN·m⁻³)	单轴抗压强度 /MPa	泊松比	变形模量 /MPa	弹性模量 /MPa
686-1	19.77	0.517 8	0.32	23.786 0	53.479 0
686-2	19.51	0.480 2	0.22	19.657 0	33.044 0
686-3	19.46	0.561 1	0.31	24.403 0	39.974 0
686-4	20.24	0.464 3	0.31	25.726 0	66.486 0
686-5	19.49	0.482 7	0.30	23.618 0	41.414 0
686-6	19.97	0.503 3	0.33	10.019 0	34.468 0
686-7	20.67	0.506 8	0.31	26.631 0	34.960 0
686-8	19.66	0.369 0	0.20	21.488 0	36.754 0
686-9	19.75	0.467 1	0.31	23.098 0	34.062 0
686-10	21.11	0.464 8	0.33	23.293 0	38.671 0
686-11	20.11	0.491 3	0.32	25.010 0	36.068 0
686-12	20.07	0.522 4	0.31	26.530 0	42.713 0
686-13	20.11	0.501 3	0.32	25.530 0	37.893 0
686-14	20.74	0.496 7	0.34	22.421 0	42.397 0
686-15	21.04	0.512 3	0.30	20.715 0	36.553 0
686-16	19.62	0.481 6	0.32	26.657 0	34.122 0
686-17	20.98	0.495 7	0.42	24.511 0	34.395 0
686-18	20.83	0.483 2	0.17	22.425 0	42.718 0
686-19	20.71	0.367 2	0.32	21.694 0	35.939 0
686-20	20.22	0.460 6	0.34	22.854 0	20.211 0
686-21	21.12	0.471 8	0.33	23.259 0	46.389 0
686-22	20.19	0.481 0	0.36	23.014 0	43.637 0
686-23	20.13	0.491 0	0.31	26.545 0	40.536 0
686-24	21.17	0.507 9	0.32	20.998 0	31.359 0
686-25	20.20	0.499 5	0.31	10.530 0	23.558 0
686-26	19.76	0.361 0	0.31	19.718 0	37.834 0

试件配比号	重度/(kN · m⁻³)	单轴抗压强度/MPa	泊松比	变形模量/MPa	弹性模量/MPa
686-27	19.85	0.519 5	0.32	24.300 0	47.931 0
686-28	20.00	0.453 6	0.34	25.846 0	38.524 0
686-29	19.98	0.660 1	0.32	24.895 0	34.929 0
686-30	20.08	0.496 1	0.25	22.942 0	35.651 0
平均值	20.22	0.485 7	0.31	22.737 1	38.555 6
标准差	0.53	0.055 3	0.05	3.921 8	8.334 9
置信上限	21.30	0.598 8	0.40	30.757 3	55.600 5
置信下限	19.13	0.372 6	0.21	14.716 9	21.510 8
处理后数据	20.22	0.492 8	0.31	23.627 3	38.213 3

2.4.4 最佳配合比的确定

利用基础实验完成 4 组配比的全部构件物理力学参数测试,结合数理统计知识,处理测得的试验数据,最终获得每种配比相似材料的力学参数见表 2.7。

表 2.7 相似材料物理力学参数

试件配比号	重度/(kN · m⁻³)	单轴抗压强度/MPa	泊松比	变形模量/MPa	弹性模量/MPa
582	20.17	0.423 9	0.27	23.878 4	39.414 0
586	20.16	0.163 4	0.29	11.007 1	21.412 5
682	20.39	0.374 4	0.30	15.712 8	41.460 4
686	20.22	0.492 8	0.31	23.627 3	38.213 3

基于相似原则 $C_L C_\gamma = C_E = C_\sigma$,将实验求得参数数据代入求解,选择相似度最高的配合比作为模型试验材料的最佳配合比,详细结果见表 2.8。

表 2.8 相似系数一览表

配比组别	C_σ	C_E	C_γ	$C_\sigma/(C_L \cdot C_\gamma)$	$C_E/(C_L \cdot C_\gamma)$
582	46.95	60.38	1.22	0.44	0.57
586	121.79	111.15	1.22	1.15	1.05
682	53.15	57.40	1.21	0.51	0.55
686	40.38	120.38	1.22	0.38	1.14

对比表 2.8 可知，在同时考虑 $C_\sigma/(C_L \cdot C_\gamma)$ 和 $C_E/(C_L \cdot C_\gamma)$ 的比值时，配比 586 的比例均接近 1，都满足了相似条件的比值要求，选择配比 586 作为模型试验的最佳配合比。表 2.9 列出配合比 586 的相似材料各物理参数的相似系数。

表 2.9 模型试验相似系数表

围岩类别	IV围岩	备 注
几何相似比	83.3	试验系统决定
容重相似比	1.21	—
应力相似比	107.37	—
泊松比相似比	0.47	—
变形模量相似比	246.93	—
弹性模量相似比	110.95	—
时间相似比	24	设定

2.5 本章小结

本章进行了竖井模型试验的第一部分：完成相似材料物理力学参数测试试

验,选择最佳配合比;分析了量纲原理、相似三定理,针对研究深竖井围岩侧压力分布特征,选出主要研究的物理参数,构建了研究参数的相似系数函数关系式;利用前人的最佳配合比试验成果,选出Ⅳ级围岩模型试验中运用较多的 4 种相似配合比进行标准试件的制作;利用脱模、养护成功的试件开展物理力学参数试验,并采用数理统计知识,处理试验数据,分析试验结果;结合前述分析的相似系数函数关系,对 4 种配合比分别进行函数关系计算,选定最佳配合比,为后续的竖井模型试验提供材料基础。本章所得到的主要结论如下:

①在实际的围岩开挖卸荷过程中,主要是对水平方向的围岩应力进行扰动,在分析相似准则时,仅考虑水平方向的轴力,忽略剪切应力对模型试验相似比的影响,建立模型试验相似系数函数关系式为

$$\frac{C_\sigma}{C_L \cdot C_\gamma} = 1$$

同理,在分析相似参数的物理方程时,仅考虑水平 x 方向的应变、应力,且应变为应力和弹性模量的导出量,设为单位 1(无量纲的量),由此得到竖井开挖的另一个相似准则为

$$C_E = C_\sigma$$

②对相似材料试件的物理力学试验结果展开分析发现,基本的破坏形式符合岩石破坏的劈裂破坏,加压过程中出现了明显的 4 个阶段,应力-位移曲线与岩石的应力-位移曲线契合,试验基本数据也符合岩石的强度特点,选择中粗砂、石灰、石膏构成的相似材料模拟围岩,在定性、定量的角度上分析都是符合要求的。

③依照相似定理的使用原则,同时考虑 $C_\sigma/(C_L \cdot C_\gamma)$ 和 $C_E/(C_L \cdot C_\gamma)$ 的比值,分析得到配比 586 代入函数关系式中的比例均接近 1,满足相似条件的比值要求,选择配比 586 作为模型试验的最佳配合比。

3 岩石地层矩形深竖井开挖模型试验

模型试验主要包括以下两个部分：

第一部分：模型试验相似理论分析及相似材料的物理力学参数试验；利用相似准则，构建了相似材料的相似系数函数关系式；完成了相似材料各种配比的物理力学参数试验；进行了试验数据的处理分析；最终归纳出本书开展的竖井模型试验相似材料最佳配合比。

第二部分：根据竖井开挖过程的主要特点以及竖井开挖过程中围岩的力学特性，设计了竖井开挖模型试验系统；研制了竖井开挖模型试验箱；筹备了模型试验材料；按照前述归纳出的模型试验最佳配合比，配比并浇筑相似材料；完成了测量系统的电路连接；模拟了竖井开挖施工的全过程，并对该过程进行实时记录，测量预设点位的围岩侧压力，为后续的分析打下基础。

3.1 竖井开挖模型试验系统的设计

3.1.1 试验系统概况

为实现模型试验对竖井施工过程的全方位模拟,并在模拟竖井施工过程中,测试得到相应点位的围岩侧压力。本书设计了"先固定后卸载"的模型试验系统,分别研制了两个模型箱(后文简称模型箱一和模型箱二)。先固定,让竖井模型开挖边界条件与实际竖井工程开挖前等效;再卸载,去除约束,使竖井模型试验的开挖过程与实际竖井项目的开挖施工过程在力学效应上保持一致,从而实现实际竖井开挖与模型试验开挖的等效转换。

在如图 3.1 和图 3.2 所示的模型箱一和模型箱二中,按照模型试验最佳配合比浇筑相似材料;通过并联连接的电路方式,将应变片与应变采集仪连接,从而使计算机在模拟施工过程中能够直接采集设置点位的围岩侧压力。本模型试验系统由以下几部分系统组成:基于相似材料的围岩模拟系统、模型试验施工模拟系统、研制模型箱以及应变片与应变采集仪形成的测量系统。利用这 4 个系统,模型试验较好地模拟了竖井开挖的全过程,并采集了相应点位的围岩侧压力数据。

图 3.1　模型试验箱一　　　　　　　　　图 3.2　模型试验箱二

3.1.2　竖井围岩体模拟

模型试验是由于受场地、实际操作等限制,无法在现场进行试验,而选择在室内开展的等效试验。通过模型试验可以客观地反映物理力学规律,为理论分析提供试验依据。模型试验运用广泛,在岩土力学的理论分析中发挥着重要的作用。

模型试验能否有效且客观地反映物理力学现象,关键在于模型试验的物理力学参数、边界条件等因素是否匹配。其中,重要的因素就是相似材料能否客观地模拟岩土体的性质,这一条件直接决定了模型试验能否客观地反映岩土材料的内部力学变化。故需要针对围岩体相似材料的选择进行深入研究。

岩土模型试验的相似材料研究发展历史悠久,通过阅读大量文献可知,当前的岩土相似材料主要采用以下几种:砂、黏土、水泥、石灰、石蜡、云母、石膏、木屑、凡士林、甘油等材料。但针对岩石的模拟常用的有以下 3 种:

(1)砂

砂是疏松的、未黏结的粒状物质,其颗粒或格架要素按定义要求必须是属于砂粒级的。从力学角度上分析,砂一般是在高压条件下所形成的矿物,它的质点堆积紧密,即密度大、硬度大。砂具备了围岩的基本力学特征,在许多研究中,砂都是模拟围岩的首选材料。根据砂的粒径大小,通常将砂分为极粗砂、粗砂、细砂、极细砂和粉砂,见表3.1。

表 3.1　砂的粒径分类

砂的类别	极粗砂	粗砂	细砂	极细砂	粉砂
颗粒直径/mm	1~2	0.5~1	0.125~0.25	0.05~0.125	0.005~0.05

根据表3.1可知各种类别的砂颗粒具体粒径大小。查询文献,针对本书模型试验分析的Ⅳ级围岩,多数研究采用中粗砂作为相似材料的基本骨料,该粒径的砂颗粒既具备了围岩的基本强度,也反映了Ⅳ级围岩软弱面较多的特点。本书也采用中粗砂作为相似材料的基本骨料。

（2）石灰

石灰是一种以氧化钙为主要成分的气硬性无机胶凝材料。石灰是用石灰石、白云石、白垩、贝壳等碳酸钙含量高的产物,经900~1 100 ℃煅烧而成。石灰在土木工程中运用广泛,无论是建筑抹灰,还是模型试验,都被大量使用。石灰的主要力学特点是:抗拉强度和抗压强度的比 σ_t/σ_c 很小,即石灰材料的抗压强度远大于抗拉强度,是典型的脆性材料。同时,石灰强度随含水量的减少而增大,即材料对水的作用敏感。

基于水敏感等特点,本书选择石灰作为胶结材料的一种,对围岩进行模拟。

（3）石膏

石膏是一种以硫酸钙（$CaSO_4$）为主要成分的气硬性胶结材料,在岩土工程模型试验中,它是应用最为广泛的相似材料胶结物。它的存在,使得相似材料具备凝固快、达到材料稳定强度的时间短等优势。根据现行的国家标准《建筑石膏》（GB/T 9776—2008）,建筑石膏按照主要性能可以分为3类,见表3.2。

表 3.2　建筑石膏物理力学性能统计表

等级	细度(0.2 mm 方孔筛筛余) /%	凝结时间/min		2 h 强度/MPa	
		初凝	终凝	抗折	抗压
3.0				≥3.0	≥6.0
2.0	≤10	≥3	≤30	≥2.0	≥4.0
1.0				≥1.6	≥3.0

根据表 3.2 可知,石膏的凝结时间长且强度大,同时依照现有文献,石膏的抗拉强度和抗压强度的比 σ_t/σ_c 很小,属于脆性材料,与一般的Ⅳ级围岩物理力学性质接近。在土木工程试验中,石膏是脆性模型材料的主要胶结物。本书的模型试验相似材料选择中,以石膏作为胶结材料,起到加快凝结,提高脆性的作用。

综上,本书选择中粗砂作为相似材料的骨料,石灰、石膏作为相似材料的胶结材料。以 3 种材料作为基本原料,完成模型试验第一部分、第二部分的全部内容。

3.1.3　模型试验施工模拟系统

在城市轨道交通的竖井项目中,施工方法按照顺序分类,分为顺作法和逆作法。顺作法具备施工作业面多,工程造价低,施工质量易受掌控的特点;逆作法具备对周边环境影响小,噪声少,受气候影响小的特点。综合两种方法,针对重庆市轨道交通深竖井常用的施工方法,本书选择顺作法作为模型试验模拟的施工方法。

针对竖井工程顺作法施工的特点,本书设计了"先固定后卸载"的模型试验系统,对开挖断面提前固定,达到竖井开挖前的位移约束状态;再卸载,实现竖井开挖后的围岩卸荷,达到竖井开挖的目的。采用这种等效转换的模型试验系统的理论根据在于:竖井工程项目在开挖前,如图 3.3 所示,在拟开挖断面上,各个点位都处于位移约束的状态,近似等效位移为0,即图3.3中A、B节点位移为0。随着竖井施工开挖,开挖断面的约束解除,位移得到了释放。如图3.3所示,A、B节点约束解除,围岩应力状态发生了变化。

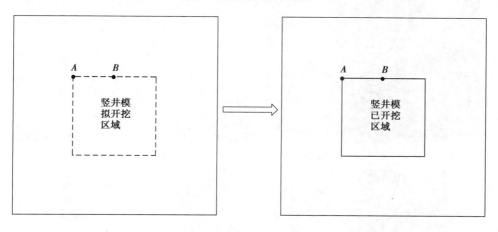

图3.3　竖井开挖示意图

利用上述分析的等效转换理论,模型试验系统设计了12层的开挖挡板,挡板之间预留了螺丝孔,用于安装螺丝起到支挡相似材料的作用,如图3.4、图3.5所示。

图3.4　模型箱挡板示意图

图3.5　模型箱安装挡板

每去除一层挡板对应着实际施工开挖一层,12 层挡板去除完毕对应竖井施工完毕,如图 3.6 所示。

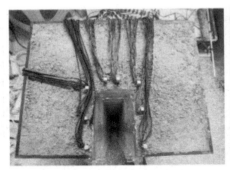

（a）试验箱一开挖前的竖井模型

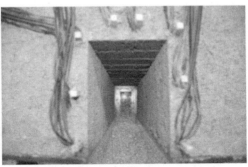

（b）试验箱一开挖后的竖井模型

（c）试验箱二开挖前的竖井模型

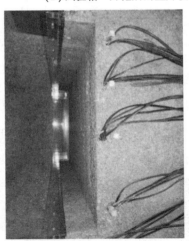

（d）试验箱二开挖后的竖井模型

图 3.6　竖井模型施工模拟示意图

3.1.4　模型箱研制

竖井模型施工模拟采用"先固定后卸载"的试验系统,本书所研制的竖井围岩侧压力测试模型试验箱包括:①箱体,所述箱体为开口中空长方体;②U 形挡板,施工模拟中描述,本模型试验共计 12 个施工开挖步,设有 12 个 U 形挡板。长方体和挡板均为透明结构,便于试验过程的观察。开口中空长方体为岩体相

似材料的充填区域,U 形挡板为模拟施工开挖所设置的支挡结构。如图 3.7
所示。

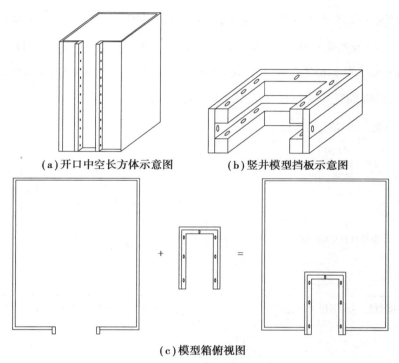

(a)开口中空长方体示意图   (b)竖井模型挡板示意图

(c)模型箱俯视图

图 3.7　模型箱构成图

正如在第 2 章模型试验基础实验中描述,本书依托实际工程项目出现的尺
寸,确定竖井模型试验尺寸为高×长×宽=60 m×30 m×10 m。按照模型试验项目
的尺寸相似比 83.3,求解可得竖井模型尺寸为高×长×宽=780 mm×360 mm×
120 mm。

对竖井模拟开挖区域,正如模拟施工系统中描述,模型试验采用多层挡板
拆除来模拟实际的顺作分层开挖法。参考实际竖井施工过程,通常每层施工开
挖控制在 3～5 m,按照最不利的工况进行考虑,假定实际竖井每层开挖 5 m,按
照相似比 83.3,可求出挡板的竖向尺寸为 60 mm,60 m 的竖井开挖共计设置 12
层挡板。

基于半无限弹性体假设,本书研究的竖井模型沿竖井截面长、宽两个方向

分别截取一半进行研究,进而研制出两个模型试验箱:沿长度方向截取的模型试验箱一和沿短边截取的模型试验箱二(后文分别简称为模型箱一和模型箱二),模型箱一的外部尺寸为长×宽×高=500 mm×400 mm×780 mm,内部竖井开挖尺寸为长×宽×高=180 mm×120 mm×780 mm;模型箱二的外部尺寸为长×宽×高=600 mm×300 mm×780 mm,内部竖井开挖尺寸为长×宽×高=360 mm×60 mm×780 mm,详细的竖井模型尺寸如图3.8所示。

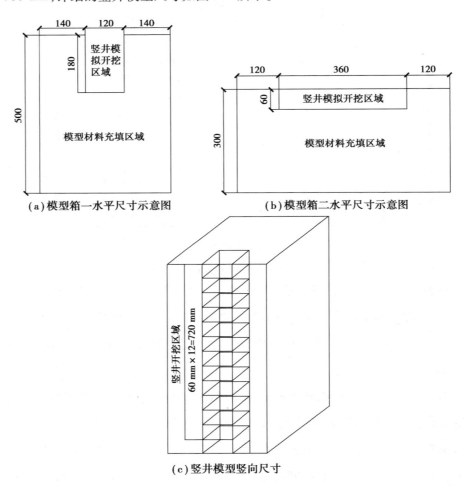

(a)模型箱一水平尺寸示意图　　　(b)模型箱二水平尺寸示意图

(c)竖井模型竖向尺寸

图3.8　模型试验箱尺寸示意图

在实际竖井施工过程中,随着岩体的开挖,会造成一定范围内的岩体扰动,从而导致围岩的应力重分布,形成围岩应力的扰动区域。为了全方位地模拟竖井开挖的全过程,在模型箱的研制上,必须在竖井模拟开挖区域周围预留足够的空间。

目前国内外的理论研究通常认为,围岩开挖的扰动范围为开挖尺寸的3倍左右。在竖井的模型试验研究中,模型箱的尺寸不仅要涵盖竖井模型的基本大小,还要满足大于竖井模型尺寸3倍的要求。而对实际的竖井工程项目,通常是长边方向更容易出现破坏的现象。本书重点研究竖井模型的长边方向围岩侧压力分布特征,而模型箱的尺寸设计也在长边方向上满足了开挖尺寸3倍的尺寸要求。对比模型箱一和模型箱二可以发现,在长边研究方向上,两者尺寸满足大于开挖尺寸的扰动范围,模型箱的尺寸设计是合理的。

3.1.5　模型试验量测系统

本书的主要任务是分析深竖井围岩侧压力的分布特征,模型试验的量测系统主要是基于围岩侧压力测试建立的量测系统。围岩侧压力在实际的工程项目中是一项重要的量测指标,现场的监测中通常采用压力盒等仪器来测试,但室内模型试验的模型尺寸小且测量数据量程小,采用压力盒的监测方法不适用于模型试验。针对室内模型试验的特殊之处,本书采用结构试验中测量混凝土拉应力的钢筋应变片来进行测量围岩侧压力。

(1)应变片基本参数

本书在设计量测系统过程中,充分考虑围岩压力量程大小和精度要求,选择BFH120-3AA应变片(图3.9)来量测围岩压力,其具体规格见表3.3。

(2)铝棒基本参数

应变片尺寸小且易被扰动,需要绑扎在光

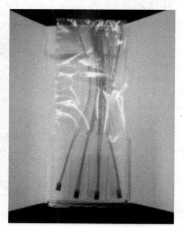

图3.9　120-3AA直焊型应变片

滑且稳定的表面上,才能精准测量应变求得围岩侧压力。本书研究的小尺寸竖井模型,因为竖井模型的应变数值小,所以必须选择变形模量小且尺寸小的金属作为载体,才能使应变数值的变化更为明显,便于竖井模型试验数据的采集。

综上要求,本模型试验选择铝棒作为绑扎应变片的载体,铝棒的详细参数见表3.4。

<table>
<tr><td colspan="2">表3.3 应变片规格</td><td colspan="2">表3.4 铝棒规格</td></tr>
<tr><td>参　数</td><td>技术指标</td><td>参　数</td><td>技术指标</td></tr>
<tr><td>电阻/Ω</td><td>120</td><td>长/mm</td><td>8</td></tr>
<tr><td>灵敏系数</td><td>2.0±1%</td><td>宽/mm</td><td>8</td></tr>
<tr><td>基底尺寸</td><td>6.9 mm×3.9 mm</td><td>高/mm</td><td>800</td></tr>
<tr><td>丝栅尺寸</td><td>3.0 mm×2.3 mm</td><td>抗拉强度/MPa</td><td>295</td></tr>
<tr><td>精度等级</td><td>A</td><td>屈服强度/MPa</td><td>245</td></tr>
<tr><td>引线</td><td>15 cm绝缘电子线</td><td>剪切模量/GPa</td><td>26</td></tr>
</table>

将应变片粘贴在铝棒上,利用502胶水、703防水胶、纱布对应变片进行充分的保护,同时粘贴绑扎完毕之后,利用照射灯烘干,让应变片充分粘贴,如图3.10所示。

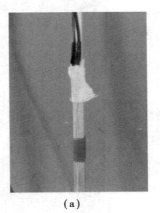
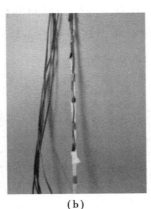

(a)　　　　　　　　　(b)

图3.10　应变片粘贴示意图

（3）测量方法

在混凝土结构试验中，为了测试混凝土在承载作用下的应力状态，常规方法并非直接在混凝土上粘贴测量元件，而是利用钢筋与混凝土的胶结作用，在钢筋上粘贴应变片，测得钢筋上的应变数值，将应变乘以弹性模量从而求得钢筋上的应力。利用牛顿定律中相互作用力的互等性，求得混凝土在承载作用下的应力状态。正是利用"转换求解应力主体"的思想，使难以直接埋设测量元件的混凝土能够通过转换求解得到应力。

本模型试验也利用该"转换求解应力主体"的思想分析竖井模型的围岩侧压力。竖井在开挖卸荷之后，围岩侧压力成为主要变化的参数，并分布于竖井井壁的四周，如图 3.11 所示。

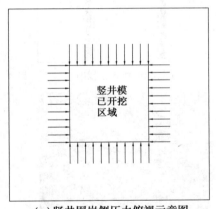 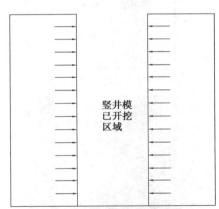

竖井模
已开挖
区域

竖井模
已开挖
区域

（a）竖井围岩侧压力俯视示意图　　（b）竖井围岩侧压力正视示意图

图 3.11　竖井围岩受力示意图

由图 3.11 可知，围岩侧压力垂直于竖井井壁，且在竖井井壁的四周都有分布。测量围岩侧压力必须在井壁垂直方向上完成布设。传统的岩土试验应力测量方法有土压力盒的测量和应变片的测量。本模型试验尺寸由相似定理计算确定，整体尺寸较小且在相似材料内部富水较多，不利于开展土压力盒测量的方法。而应变片尺寸极小，对周围材料的扰动作用较小，测量精度高，本书选取应变片作为测量元件，利用相应的埋设手段将应变片埋设在竖井模型中，实现围岩侧压力的准确测量。

　　本书利用混凝土结构试验中的"转换求解应力主体"的思想,将求解围岩侧压力转换为求解作用在铝棒上的剪切应力。详细如下:将应变片粘贴在铝棒上,再将粘贴好应变片的铝棒放入紧贴竖井模型井壁的位置上,如图3.12所示。

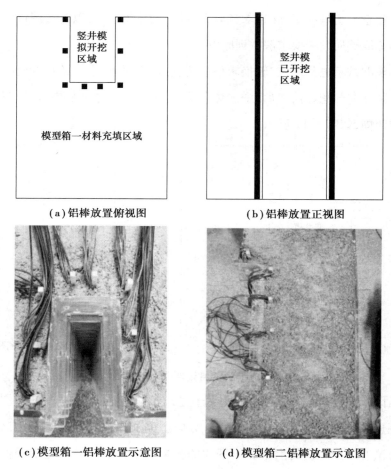

(a)铝棒放置俯视图　　　　　　　　(b)铝棒放置正视图

(c)模型箱一铝棒放置示意图　　　　(d)模型箱二铝棒放置示意图

图3.12　铝棒设置示意图

　　随着竖井模型的开挖,相似材料会产生类似于围岩侧压力的水平压力,这样的水平压力会均匀地作用在铝棒上,让铝棒产生切向应变,根据剪切胡克定

律和切应力计算公式可知

$$\tau = G \times \gamma \tag{3.1}$$

$$\tau = \frac{F_S S_z^*}{b I_z} \tag{3.2}$$

式中　G——剪切模量；

　　　γ——剪切应变；

　　　b——欲求切应力点的横截面宽度；

　　　I_z——横截面对中性轴 z 的惯性矩；

　　　S_z^*——欲求切应力点处水平线以下部分对中性轴 z 的静矩。

由上述公式可知,铝棒在受到了相似材料水平压力的过程中,剪切应力产生了剪切应变,且这样的剪切应变与水平压力形成线性比例关系。同时由于铝棒尺寸的均一性,每一个测量点位上的惯性矩以及静矩加权均相同,不同点位的剪切应变和水平压力也形成了相同的线性比,因此利用铝棒切应变的分布趋势即可表示相似材料围岩侧压力的分布特征。

3.2　模型试验过程

3.2.1　竖井模型试件的制作

完成最佳配合比的确定和模型试验系统的设计后,竖井模型试件通过以下步骤完成制作:

（1）粘贴应变片

①依照设计的测量系统,通过应变片粘贴在铝棒上的方式测量围岩侧压

力。先用 502 胶水,将应变片粘贴在铝棒上,因为测量的为切向应变,所以应变片的设置为垂直于铝棒。

②利用 703 防水胶,在粘贴好的应变片上再涂上一层,用防水胶将应变片包裹住,达到防水的防护效果。

③利用纱布裹住两层防护的应变片,在第三层上确保应变片的引线不被破坏,达到三层防护的效果。

本书研究的重点是分析深竖井围岩侧压力的分布特征。因测量点位需要覆盖竖井模型的竖直方向和水平方向,故在模型深度方向上 120 mm、240 mm、360 mm、480 mm、580 mm、680 mm 处分别设置应变片,模型水平方向上长、宽两条边上对称布置,详细点位设置如图 3.13、表 3.5、表 3.6 所示。

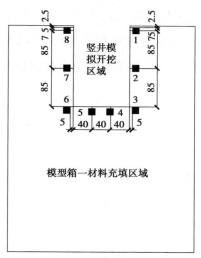

(a)模型箱一铝棒横向设置点位示意图

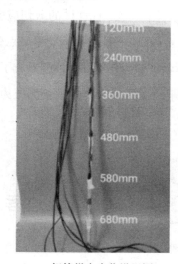

(b)铝棒纵向点位设置图

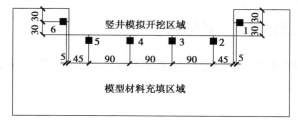

(c)模型箱二铝棒横向设置点位示意图

图 3.13 铝棒点位示意图

表 3.5　模型箱一应变片点位编号

深度 点位	120 mm	240 mm	360 mm	480 mm	580 mm	680 mm
1	1-1	1-2	1-3	1-4	1-5	1-6
2	2-1	2-2	2-3	2-4	2-5	2-6
3	3-1	3-2	3-3	3-4	3-5	3-6
4	4-1	4-2	4-3	4-4	4-5	4-6
5	5-1	5-2	5-3	5-4	5-5	5-6
6	6-1	6-2	6-3	6-4	6-5	6-6
7	7-1	7-2	7-3	7-4	7-5	7-6
8	8-1	8-2	8-3	8-4	8-5	8-6

表 3.6　模型箱二应变片点位编号

深度 点位	120 mm	240 mm	360 mm	480 mm	580 mm	680 mm
1	1-1	1-2	1-3	1-4	1-5	1-6
2	2-1	2-2	2-3	2-4	2-5	2-6
3	3-1	3-2	3-3	3-4	3-5	3-6
4	4-1	4-2	4-3	4-4	4-5	4-6
5	5-1	5-2	5-3	5-4	5-5	5-6
6	6-1	6-2	6-3	6-4	6-5	6-6

　　由表3.5、表3.6可知,模型箱一共设置48个测量点位,模型箱二共设置36个测量点位。在施工过程中,在岩体没有开挖时,通常处于自然状态,未受到扰动。在表3.7中标明各个点位深度对应的施工步序,便于在后续分析中,抓住重点开挖步序分析围岩侧压力时空效应。铝棒应变片测量元件的粘贴情况如图3.14所示。

表 3.7　应变片深度与竖井模型施工步序的对应关系

深度	120 mm	240 mm	360 mm	480 mm	580 mm	680 mm
施工步序对应	第 1 层开挖	第 4 层开挖	第 6 层开挖	第 8 层开挖	第 10 层开挖	第 11 层开挖

（a）模型箱一3号铝棒　　　　（b）模型箱二的全部测量元件

图 3.14　测量元件示意图

（2）浇筑相似材料

根据研究分析所确定的最佳配合比,准备称取中粗砂、石膏、石灰,并对三者进行搅拌,让胶结材料与骨架材料充分融合,便于后续的捣实。在充分搅拌材料之后,按照拌和水量 1/9 的比例,加水搅匀。在进行浇筑相似材料前,用润滑油在模型井壁上刷油,以便后续施工模拟的顺滑取出。浇筑相似材料按照分层捣实成型法制作竖井模型试件,并且在浇筑过程中,提前按照图 3.13 所示规定的点位埋设铝棒。埋设时,贴有应变片的一侧垂直于竖井模型井壁,如图 3.15 所示。

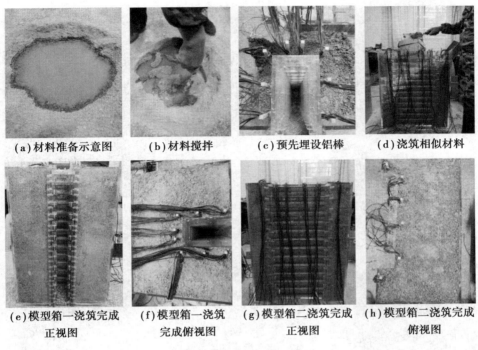

(a) 材料准备示意图   (b) 材料搅拌   (c) 预先埋设铝棒   (d) 浇筑相似材料

(e) 模型箱一浇筑完成
正视图   (f) 模型箱一浇筑
完成俯视图   (g) 模型箱二浇筑完成
正视图   (h) 模型箱二浇筑完成
俯视图

图 3.15 浇筑竖井模型

(3) 应变片电路连接

应变片作为电阻式敏感元件,减少应变测量误差是整个过程最核心的部分。当前常用的应变元件减少测量误差的方法有提高应变传感器的精度、提高应变采集仪的精度和采用先进的采集方法。应变传感器在前文中,根据量程和实际需求已经确定型号;应变采集仪采用 DH3816N 静态应变测试系统,无法进行优化,可以改变优化的就是采用应变采集方法,尽可能减少试验数据的误差。

当前常用的应变片电路连接方法为基于惠灵顿原理的 1/4 桥应变采集方法,该方法通过惠灵顿原理,外接温度补偿片实现测量。1/4 桥应变采集方法具有精度高、测量幅度大的特点,这符合深竖井围岩侧压力上下变化大的特点。同时本实验开展时间为冬季,温度较低,需要考虑温度对电阻式应变片的影响,外接温度补偿片可以消除这样的误差。基于上述研究分析,本模型试验采用 1/4 桥应变采集方法作为应变采集仪电路连接的方法。相似电路连接如图 3.16 所示。

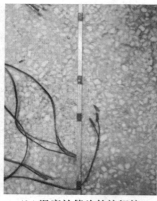
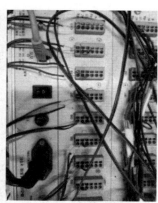

（a）1/4桥采集方法电路连接　　　（b）温度补偿片外接铝棒　　　（c）应变片电路连接示意图

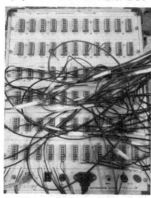
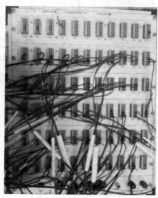
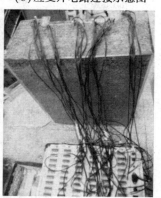

（d）模型箱二电路连接示意图　　（e）模型箱一电路连接示意图　　（f）模型与应变采集仪电路连接
示意图

图 3.16　模型试验电路连接示意图

（4）应变采集仪通道设置

按照 1/4 桥传感器采集方法,将各个点位应变片连接到应变采集仪的对应通道上。线路连接完毕之后,利用网线将应变采集仪和计算机连接在一起,通过 DHDAS 动态信号采集分析系统,设置各个通道的基本参数,设置结果如图 3.17 所示。

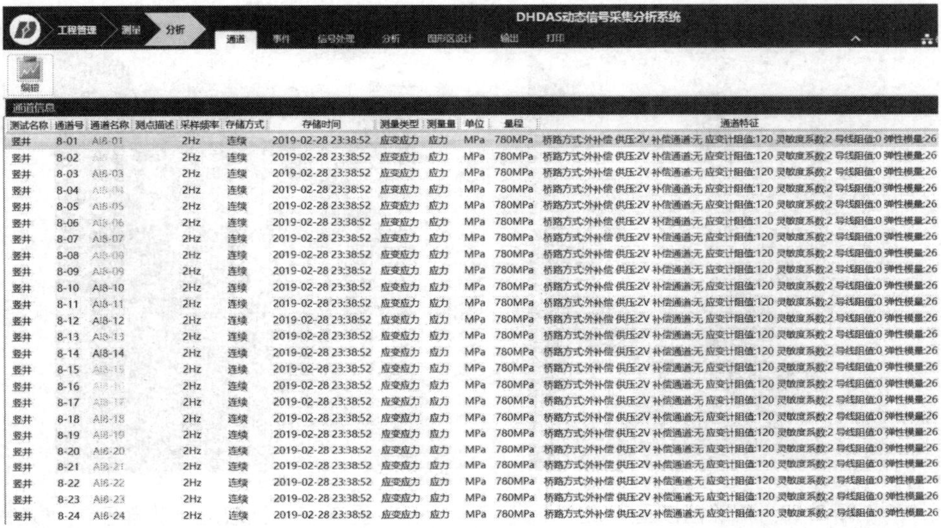

图 3.17　通道设置图

3.2.2　竖井模型施工开挖

完成相似材料的浇筑和测量系统的电路连接,经过 7 d 的通风干燥,达到与相似材料基础实验试件一样的干燥度,进而可以开展竖井模型试验的施工开挖模拟。

按照施工模拟系统的设计,本书对顺作分层开挖法进行模拟,模型试验箱的挡板从上至下每取一个,对应着竖井开挖一层。竖井模型共计 12 层开挖,即共计 12 个施工开挖步序。根据第 2 章的相似比选取,时间相似比确定为 24,对应实际竖井开挖工期,模型试验按照每 2 h 取一层挡板,完成竖井模型施工开挖全过程共计 24 h。

竖井模型挡板预先利用螺丝固定,模拟每一层开挖需要提前去掉螺丝,并且平稳抽出挡板(图 3.18、图 3.19),尽可能减少模拟开挖对相似材料的扰动。同时应变采集仪一直处于工作状态,记录测量点位的实时侧压力数据,便于后续分析施工全过程的围岩侧压力变化情况。详细开挖情况如图 3.20 所示。

图3.18　拆除挡板固定螺丝

图3.19　抽取挡板示意图

（a）模型箱—第1层开挖

（b）模型箱—第2层开挖

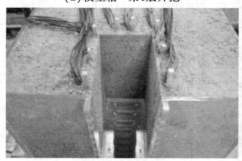

（c）模型箱—第4层开挖

（d）模型箱—第6层开挖

（e）模型箱一第8层开挖　　　　　　　（f）模型箱一第12层开挖

（g）模型箱二第1层开挖　　　　　　　（h）模型箱二第4层开挖

（i）模型箱二第5层开挖　　　　　　　（j）模型箱二第6层开挖

（k）模型箱二第10层开挖　　　　　　　（l）模型箱二第12层开挖

图 3.20　竖井模型开挖示意图

3.2.3 竖井模型围岩侧压力数据采集

利用 DHDAS 动态信号采集分析系统采集竖井模型箱一和模型箱二的围岩压力(表 3.8 和图 3.21)。竖井模型箱一共设置 48 个测试点位,竖井模型箱二共设置 36 个测试点位,根据采集系统显示,模型箱一有 3 个点位(3-1、3-3、6-2)出现未平衡的情况,模型箱二有 2 个点位(1-4、6-2)出现未平衡的情况,即该 5 个点位的应变片或电路连接出现异常,无法得到数据。但由于破坏测试点位少且关键点位未出现未平衡的现象,因此该试验数据依然具有研究价值。

表 3.8 围岩侧压力实时数据采集示意表

AI8-01	AI8-02	AI8-03	AI8-04	AI8-05	AI8-06	AI8-07	AI8-08
0	0	0	未平衡	0	0	0	0
AI8-09	AI8-10	AI8-11	AI8-12	AI8-13	AI8-14	AI8-15	AI8-16
0	0	0	0	0	0	0	

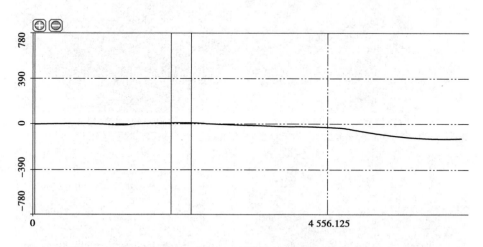

图 3.21 竖井模型箱一点位 1-1 围岩侧压力-时间曲线实时记录图

3.3 本章小结

依托工程实际，基于相似理论的分析，本书对竖井模型试验系统进行了设计，试验方案进行了优化，实现了较好的竖井施工过程模拟。

①本模型试验设计了"先固定后卸载"的模型试验系统，对开挖断面提前固定，达到竖井开挖前的位移约束状态；再卸载，实现竖井开挖后的围岩卸荷模拟，达到竖井开挖的目的。

②根据相似比，基于半无限弹性假设，本书的模型试验系统按照长、宽两个方向上的折半，设计了两个竖井模型试验箱。

③按照施工模拟系统的设计，对顺作分层开挖法进行模拟，模型试验箱的挡板从上至下每取一个，对应着竖井施工开挖一层。竖井模型共设置12块挡板，即竖井施工包含12个开挖步序。

④基于相互作用力的互等性，利用"转换求解应力主体"的思想，本书设计了铝棒加应变片的测量系统。模型箱一设置48个测量点位，模型箱二设置36个测量点位。

⑤介绍了竖井模型的制作，竖井模型的模拟开挖以及利用DHDAS软件采集测试点位的围岩侧压力。模型箱一3个点位出现未平衡的情况，模型箱二2个点位出现未平衡的情况。由于破坏测试点位少且关键点位未出现破坏的现象，因此该试验数据依然具有研究价值。

4　模型试验结果分析与围岩侧压力研究

本书利用相似理论分析了实际竖井工程项目的施工开挖特点,并基于该特点,研制了模型试验开挖系统。从力学原理上分析,该试验系统较好地反映了真实竖井施工开挖过程,保证了试验数据的真实性。同时按照相似理论的时间相似比,对竖井模型箱一和模型箱二分别进行了模拟开挖,并全程记录测量点位的围岩侧压力数据。最终,模型箱一得到45个测试点位的12个施工步试验结果,模型箱二得到34个测试点位的12个施工步试验结果。基于理论,本章对有效测试点位的试验结果进行分析。

4.1　竖井模型围岩侧压力开挖时空效应分析

竖井的力学效应是一个动态的过程,仅停留在静态的角度上分析力学特性是不够的,需要全面、系统地分析竖井模型开挖时空效应。本小节提出竖井模型开挖时空效应的研究分析,建立测试点位的时空效应曲线,如图4.1所示。分析不同深度、不同水平位置的测试点位围岩侧压力的示意图,得到以下结论。

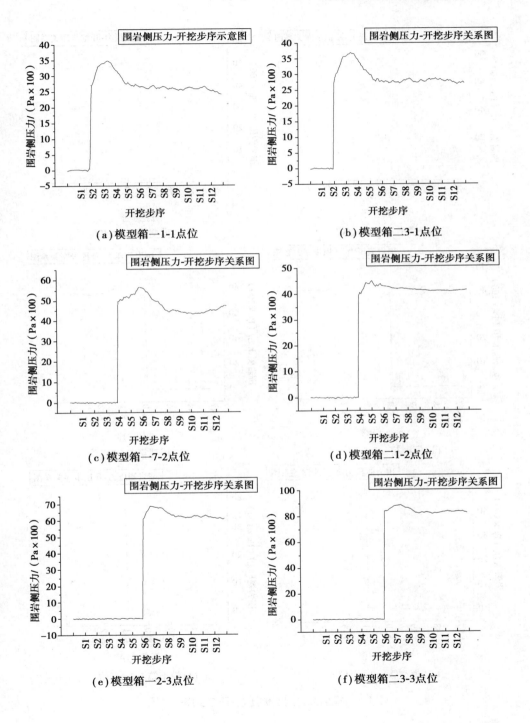

（a）模型箱一1-1点位

（b）模型箱二3-1点位

（c）模型箱一7-2点位

（d）模型箱二1-2点位

（e）模型箱一2-3点位

（f）模型箱二3-3点位

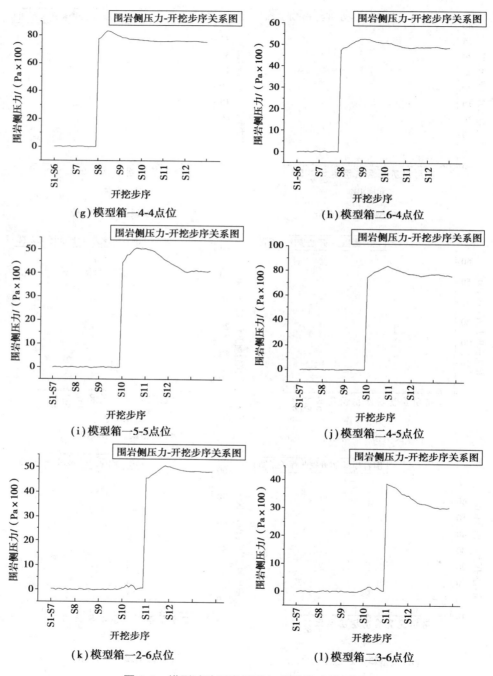

图 4.1 模型试验围岩侧压力-开挖步序关系图

4.1.1 围岩侧压力的陡增性

岩体在原岩应力作用下长期处于平衡状态。处于这一状态中的岩体应力可近似为恒定不变,但随着围岩体的开挖,岩体受到扰动,内部将会发生卸荷回弹和应力的重分布,直至达到新的应力平衡。而在这两个状态之间,就是应力突变的区域。

同理,相似材料浇筑而成的竖井模型,开挖过程中也具备卸荷回弹和应力重分布的过程。根据围岩侧压力时空曲线显示,模型箱一和模型箱二的有效点位中,均出现了开挖过程中围岩侧压力陡增的现象。如图4.1中的(a)和(b)所示,根据表3.5、表3.6,模型箱一的1-1号和模型箱二的3-1号测试点位对应深度在竖井模型的第二层挡板处。当去掉第一层挡板时,围岩侧压力均近似保持不变,当去掉第二层挡板,即竖井模型完成第二层开挖时,围岩侧压力出现了明显的陡增。与此同时,其他点位对应深度开挖之前,围岩侧压力保持近似恒定不变,但随着对应深度竖井开挖,围岩侧压力的陡增现象都非常明显。

岩体开挖对围岩应力的状态扰动明显,且开挖瞬时,围岩侧压力多为急剧增加,这为工程中的竖井开挖提出了安全性的防范要求。而现阶段支护设计中,针对围岩的级别,进行了提前打桩等超前支护措施,避免因围岩开挖造成围岩侧压力陡增导致人身安全、经济的损失。

4.1.2 围岩侧压力的卸荷回弹性

岩体的开挖扰动,造成围岩体卸荷回弹和应力重分布,而通过观察围压示意图,可以发现在全部的围岩时空曲线中,围岩侧压力均出现了卸荷回弹的现象,这说明相似材料构成的竖井模型与实际竖井在定性分析上是吻合的。

以深度作为控制变量,分析1-6深度上测试点位的卸荷曲线,总结出以下结论:

①随着竖井模型测试点位深度的增加,围岩侧压力的卸荷回弹过程时间短,即更快地进入应力重分布后的状态。如图4.1中的(a)、(b)、(c)所示,在模型箱一1-1、7-2测试点位和模型箱二3-1测试点位中,卸荷回弹基本进行了2~3个施工步序,即经历了较长时间,点位才完成了卸荷回弹的应力重分布的过程;而在竖井深部测试点位中,如图4.1中的(k)和(j)所示,模型箱一2-6测试点位、模型箱二4-5测试点位中,卸荷回弹的过程都发生在一个施工步序以内,应力重分布达到平衡状态的时间,明显小于上部点位。

②分析测试点位水平位置对围压卸荷回弹的影响,图4.1中的(d)和(h)对应水平位置为模型箱二的短边,将这两个点位的围压卸荷回弹曲线与其他点位的围压卸荷回弹曲线对比,可明显发现,转角处与短边上的卸荷回弹现象不明显,且卸荷回弹压力减少较小。分析这一过程,可以总结为:在竖井的短边方向上,由于尺寸较小,受到长边的挤压效应显著,挤压效应使短边方向测试点位的应力重分布现象不明显。因此可以推断,围岩体的应力重分布在长边方向的现象更为显著,且突变和卸荷回弹现象明显。

综上,对竖井卸荷回弹的应力重分布过程,以深度为控制变量,点位越深,卸荷回弹历程时间越短;以水平位置为控制变量,边角处、短边处的点位,相较于同样深度的长边方向点位,卸荷回弹历程时间更短且回弹大小不明显。

4.1.3 围岩侧压力的空间约束效应

正如前文所述,场地限制以及试验观察需求等原因,竖井模型基于半无限弹性体假设,分别沿着水平截面长、宽两个方向对模型进行了折半。分析这两个"半"竖井模型的测试点位,根据测试点位对应的水平位置,可以形成表4.1的对应关系。

表4.1 竖井模型箱一、二测试点位水平位置对应表

模型箱一测试点位水平位置	模型箱二测试点位水平位置
1、8	3、4
2、7	2、5
4、5	1、6

注:模型箱一1、8、2、7,模型箱二1、6是因为模型边长折半,受到空间约束效应
影响的测试点位;模型箱二3、4、2、5,模型箱一4、5为未受到空间约束效应
影响的测试点位。

根据对应关系,分析模型箱一和模型箱二的测试点位围岩压力大小,如图
4.2—图4.6所示。

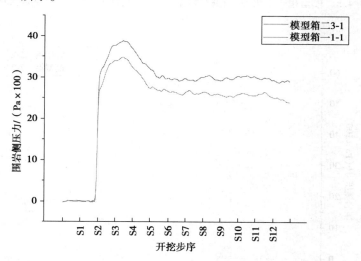

图4.2 模型箱一1-1和模型箱二3-1围岩侧压力-开挖步序示意图

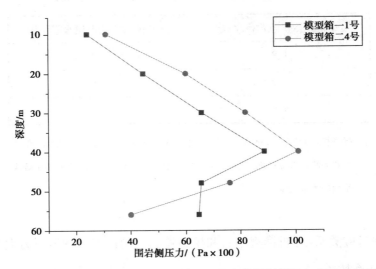

图 4.3　模型箱一 1 号点位和模型箱二 4 号点位围岩侧压力-深度曲线图

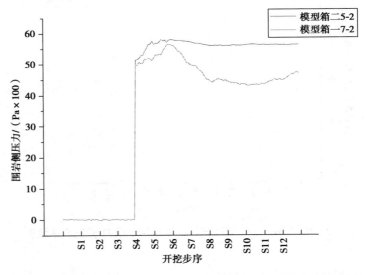

图 4.4　模型箱一 7-2 和模型箱二 5-2 围岩侧压力-开挖步序示意图

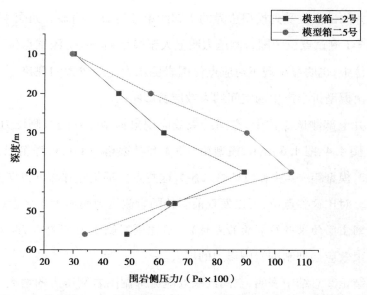

图 4.5 模型箱一 2 号铝棒和模型箱二 5 号铝棒围岩侧压力-深度曲线图

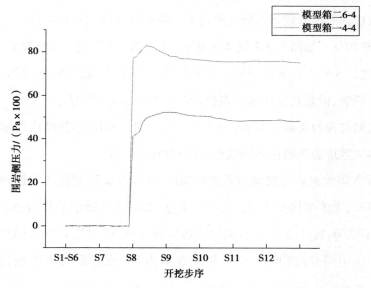

图 4.6 模型箱一 4-4 和模型箱二 6-4 围岩侧压力–开挖步序示意图

根据列出的 3 组对应测试点位的围压-开挖步序示意图和 2 组相同水平位置的围压-深度示意图,可以得出以下结论:

①竖井测试点位受到模型边界的空间约束效应影响明显。如图4.2所示，模型箱二3-1测试点位的围岩侧压力明显大于模型箱一1-1测试点位。在其他的对应点位中，也明显出现了对应点位围岩侧压力差距较大的现象。该现象初步推断是由模型折半产生的空间约束效应所影响的。

②竖井上部测试点位中，空间约束效应现象抑制竖井围岩侧压力的增大。如图4.2、图4.4、图4.6所示，模型箱二3-1和模型箱一1-1，模型箱二5-2和模型箱一7-2，模型箱一4-4和模型箱二6-4，这些点位都是竖井深度方向上比较靠上的点位。对比这些点位，可以发现前者的围岩侧压力明显大于后者（注：前者均为未受到空间约束效应影响的点位）。对比围岩侧压力-开挖步序示意图，可知空间约束效应会抑制围岩侧压力的增大。

③在结论②总结中表明，空间约束效应会抑制围岩侧压力的增大。在如图4.3和图4.5所示的围岩侧压力-深度曲线中，竖井上部测试点位完全符合该空间约束效应抑制围岩侧压力增大的现象。但是在竖井的深部点位中，该现象不明显，甚至相反。如图4.3和图4.5所示，模型箱二4号点位和模型箱一1号点位，模型箱二5号点位和模型箱一2号点位，在竖井上部位置，前者围岩侧压力明显大于后者，但是在竖井深部点位，前者围岩侧压力明显小于后者（注：前者均为未受到空间约束效应影响的点位）。对比围岩侧压力-深度曲线示意图，得出空间约束效应会限制深部测试点位的卸荷回弹过程。

分析空间约束效应出现该现象的原因：基于半无限弹性体假设，在研制模型试验箱时，考虑结构受力边上的中间节点（如图4.7所示的长边、短边的 A、B 节点）位移为0，且 A、B 节点的左右两边结构位移、应力均对称，近似地将长边或者短边的中间节点（即图4.7中 A、B 节点）看成固定约束支座，如图4.8所示。

利用该假设，竖井结构的模型试验可以较大地简化，且在距离中间节点较远的测试点位上，假设产生的误差可忽略不计。但是对紧贴中间节点处的测试点位，根据图4.7和图4.8可知，实际的 A、B 节点为 x、y 两个方向上存在位移为 0,剪切应力为 0 的情况。但是由于进行了假设简化,固定支座将 B 点考虑为 x 位移为 0,剪切应力不为 0 的情况,从而在靠近固定支座处增加了围岩的空间约束效应,导致节点的位移较真值明显更小(即越靠近假设支座,应变的考虑越小),从而影响了围岩侧压力的测试。

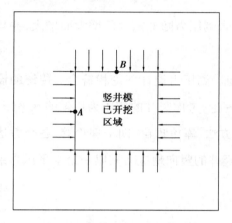 

图 4.7 竖井结构受力示意图   图 4.8 竖井受力简化示意图

4.2 竖井模型围岩侧压力的深度曲线分析

前述重点分析了围岩侧压力的开挖时空效应,所有分析都是基于单点的开挖过程,以微观的角度,分析单点变化过程。而本节则以宏观的角度,以深度为变化量,分析每一个水平位置上的围岩侧压力-深度曲线,从而得到围岩侧压力的基本规律,以便为今后的设计提供参考。

4.2.1　模型试验结果分析

分析竖井模型的围岩侧压力-深度曲线如图 4.9、图 4.10 所示,可以得到以下结论:

①在竖井的上部测试点位中,围岩侧压力随着深度的增大而增大,并且形成近似的线性关系曲线。

这样的关系曲线与传统的竖井围岩侧压力设计理论相符合。传统的设计理论中,基于散粒体介质侧压力计算理论,考虑竖井的侧压为均匀的水平压力,基本方法有海姆法、秦巴列维奇计算方法、库伦理论、朗金理论等,各个方法有一些不同的假设,但基本思想都是将竖井的竖向地应力乘以一个水平压力系数来求解围岩侧压力。

海姆方法:

$$\sigma_x = \gamma \cdot z \cdot \frac{\mu}{1-\mu} \tag{4.1}$$

式中　γ——上覆围岩的平均容重;

　　　z——测试点位的深度;

　　　μ——围岩的泊松比。

秦巴列维奇方法:

$$\sigma_x = (\gamma_1 z_1 + \gamma_2 z_2 + \gamma_3 z_3 + \cdots + \gamma_n z_n) \cdot \tan^2\left(45° - \frac{\varphi}{2}\right) \tag{4.2}$$

式中　γ_n、z_n——第 n 层围岩的容重和厚度;

　　　φ——围岩的平均内摩擦角。

根据上述公式介绍,传统的计算理论中,围岩侧压力通过竖向地应力乘以一个水平压力系数求得。只是不同的方法,在计算竖向地应力和水平压力系数时有些不同的假设,但是求得的结果本质规律是相同的,围岩侧压力都是随着深度线性增加的。本模型试验上部测试点位都较好地对应了传统的计算理论。

②围岩侧压力并非随着深度增加一直增大,这与传统计算理论中假定围岩侧压力与深度呈线性增加比例关系的理论有差异。

观察图4.9和图4.10可知,在竖井模型箱一和模型箱二中,深部测试点位的围岩侧压力明显小于上一层测试点位,如在模型箱一2号点位中,深度48 m、56 m测试点位围岩侧压力明显小于40 m测试点位;在模型箱一的8号点位中,深度56 m测试点围岩侧压力小于48 m测试点位。由此可知,虽然点位中间的具体数值没有测得,但是可以判断,围岩侧压力在竖井的深部位置将会出现增加拐点(拐点处为围岩侧压力的最大位置)。

在上述分析的围岩侧压力拐点之上,竖井的围岩侧压力符合传统的线性增加的规律,但是拐点之下,竖井的围岩侧压力不会线性增加,甚至是急剧下降。该发现为后续的围岩侧压力分析提供了重要的实际参考。而在本模型试验中,围岩侧压力拐点主要集中在深度40 m之下。

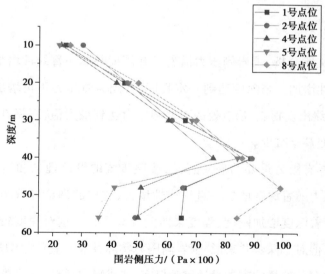

图4.9　模型箱一围岩侧压力-深度曲线

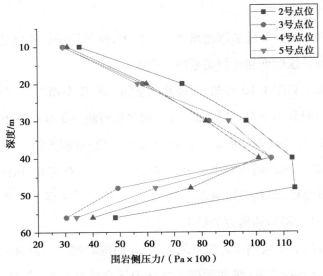

图 4.10 模型箱二围岩侧压力-深度曲线

4.2.2 基于平衡拱理论分析的拐点研究

1)引言

正如前文所分析,围岩侧压力沿着竖井深度并非一直线性增加,而是在埋深较浅处线性增加。当深度达到一定程度时,围岩侧压力不再增加,即围岩侧压力-深度曲线出现拐点,拐点处的围岩侧压力达到最大值,而拐点之下围岩侧压力基本不变甚至减少。

该发现具有极为重要的现实意义,按照传统的设计理论和当前的设计规范,围岩侧压力随着深度增加一直呈线性增大,这样的理论导致竖井的围岩支护设计,也随着深度增加刚度、强度来匹配计算压力。这对深度较浅的竖井是完全合适的,但对于深竖井来说,围岩侧压力实际并非一直线性增加,而是会出现拐点,导致深部位置的支护设计过于保守,造成财力、物力的浪费。

2)平衡拱机理研究

随着竖井的开挖卸载,围岩的应力状态发生了变化,根据介质点到开挖区的距离分类,可分为:①在距离开挖断面较远处,介质点位移变化较小,保持着弹性应力的状态,称为弹性应力区;②在距离开挖断面近处,围岩位移发生较大的变化,围岩应力状态产生突变,形成塑性应力区,称为塑性应力区。而在这两个区间中,所形成的区域称为过渡区。在过渡区中,岩体没有明显的变形,但由于靠近塑性区围岩,岩石依然产生应力松弛的现象。在过渡区中的应力,存在着朝塑性区应力增大的变化现象。同时,根据围岩开挖理论可知,当围岩介质的一个方向产生微小变形,或者应力松弛时,在与之正交的方向上,即会形成拱的作用效应。而在具体的竖井开挖中,由于开挖面积大,会形成无数的卸荷拱,因此,当变形随着竖井的开挖达到一定的极限时,围岩的拱作用效应也会达到极限,形成围岩的极限平衡拱。

3)基于平衡拱的围岩侧压力分析

隧道毛洞开挖,围岩发生了应力的重分布,而该过程就是开挖受到扰动围岩体寻求自稳的过程。在这个围岩自稳的过程中,毛洞的掌子面形成了新的临空面,而既有应力场在开挖轮廓面的周边发生了偏移,并在隧道开挖的周边形成了应力集中带,产生了平衡拱效应。

隧道虽有别于竖井,但是在平衡拱理论上,两者有互通之处。以矿山法隧道荷载设计为例。

(1)浅埋隧道

在浅埋隧道中,围岩压力主要来源于松散体荷载的竖向应力。如图4.11所示,随着隧道的开挖,图中 EFHG 岩体将会下沉,并作用于隧道的顶部。同时该岩体还会带动周边的三棱土体(图中 AFB 和 DEC),两者将会作用于隧道的两侧。在浅埋隧道围岩压力的

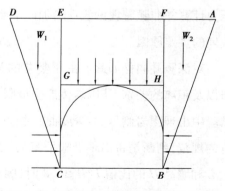

图4.11 浅埋隧道松散荷载计算示意图

计算中,影响因素主要是隧道的埋深和侧压力系数。在这点上与竖井是相同的。

(2)深埋隧道

在矿山法深埋隧道的设计中,平衡拱的出现,导致浅埋隧道中的随着埋深增大而围岩压力增加的理论并不适用。根据目前主要的研究理论,设计中主要沿用的公式如下:

垂直均布压力:

$$q = \gamma \cdot 0.45 \times 2^{s-1} \omega \tag{4.3}$$

式中 γ——围岩重度;

ω——宽度系数;

s——围岩级别。

围岩水平均布压力见表4.2。

表4.2 围岩水平均布压力

围岩级别	I、II	III	IV	V	VI
平压力	0	≤0.15q	(0.15~0.3)q	(0.3~0.5)q	(0.5~1.0)q

根据上述设计理论,在隧道的设计中,平衡拱的出现,导致深埋隧道的围岩压力计算并非随着埋深线性增加。平衡拱的出现就是隧道围岩压力出现深埋、浅埋的重要原因。

对深竖井同样如此。由于竖井的开挖,围岩体受到扰动,岩体的应力重分布以及距离的差别,让围岩体产生极限平衡拱。而这样的极限平衡拱就是模型试验中出现围岩侧压力-深度曲线拐点的直接因素。在挡土墙设计中,根据现有的规范,判断是否出现极限平衡拱,主要是针对墙深和墙宽的比值:当墙的弦长 L 和墙高 H 的比值 $L/H \leq 0.8$ 时,围岩体中存在着平衡拱柱段。

总结本小节的分析:竖井的深度对围岩侧压力分布情况影响较大,平衡拱是决定围岩侧压力是否出现拐点的根本原因。

在深度较小的竖井中,竖井围岩体不会出现平衡拱,同时围岩侧压力符合松散体荷载理论,沿着深度的增大线性增加。

在深度较大的竖井中,竖井的围岩体中会出现平衡拱。竖井上部测试点位依然满足松散体理论。但是平衡拱的出现,导致围岩侧压力存在增加拐点,在竖井深部的点位上,围岩侧压力与深度不构成函数关系。

4.3 竖井模型围岩压力的水平方向曲线分析

相比于传统的圆形截面矿山深竖井,城市轨道交通的深竖井截面通常为矩形。由于圆筒的对称性,圆形截面竖井通常采用均匀水平地压理论计算围岩侧压力,这样的假设不会有太大的误差。但是,对矩形截面竖井,长、宽两个方向尺寸差异大,内部的耦合作用不可忽视。沿用传统的均匀水平地压计算理论就偏向不安全。

对城市轨道交通的矩形截面深竖井,不仅需要分析围岩侧压力-深度曲线,围岩侧压力在水平方向的分布特征也具有相当大的研究价值。

4.3.1 模型试验结果分析

为了分析水平方向上竖井围岩侧压力的分布情况,本模型试验选择了模型箱一和模型箱二的长边、短边进行数据提取并分析,详细的数据对比见表4.3。

表4.3　长度方向围岩侧压力对比表

模型箱一围岩侧压力/（Pa×100）			模型箱二围岩侧压力/（Pa×100）			
深度	1号点位	2号点位	6号点位	2号点位	3号点位	4号点位	5号点位
10 m	24.17	30.11	41.12	35.45	29.30	29.30	29.51
20 m	44.61	45.62	67.39	73.14	58.71	60.02	56.69
30 m	65.86	61.23	85.93	96.50	82.88	81.77	90.03
40 m	88.62	89.12	108.16	113.22	105.63	101.00	105.43
48 m	65.66	65.15	72.18	114.12	49.24	76.03	63.04
56 m	64.75	48.64	70.14	48.24	30.31	39.98	34.04

根据图3.13点位设置可知:在表4.3中,模型箱一1号点位是竖井模型长边方向的中间点位,6号点位是竖井模型长边方向靠近边角的点位;模型箱二的3、4号点位是竖井模型长边方向的中间点位,2、5点位是竖井模型长边方向靠近边角的点位。表4.4中,1、2点位是竖井模型长边方向测试点位,4、5点位是短边方向测试点位。根据各个点位的设置情况,分析上述表格数据,得到以下结论:

①矩形截面的竖井围岩侧压力为非均布的状态,若沿用传统的矿山法均布地压计算理论,竖井施工运营将会有安全隐患。

②短边、长边两个方向上的围岩侧压力大小相近,在现实的设计中,可以考虑相同的支护结构来支挡围岩体。

③围岩侧压力深度曲线拐点之上的位置,长边方向中间侧压力最小,并向边角处发散增加,靠近竖井边角处达到围岩侧压力的最大值。这与现实设计是相符的,当前的深竖井设计中,大量的深竖井都会在边角处进行加固支撑,即在竖井长边、短边的围岩侧压力最大处进行加固,确保竖井施工运营的安全性。

表4.4　模型箱一长、短边围岩侧压力对比

深度	1号点位/(Pa×100)	2号点位/(Pa×100)	4号点位/(Pa×100)	5号点位/(Pa×100)
10 m	24.17	30.11	22.66	21.95
20 m	44.61	45.62	41.89	46.12
30 m	65.86	61.23	60.12	68.20
40 m	88.62	89.12	75.63	84.12
48 m	65.66	65.15	50.55	41.39
56 m	64.75	48.64	49.65	35.95

4.3.2　竖井水平荷载的简化计算

1)引言

传统的计算理论,无论是朗金理论还是极限平衡理论,都是将竖井侧压力问题当作平面问题来解决,即将竖井的围护结构假设为无线长的围护结构,而计算则选取无限长结构中的一个单位长度。这样的计算对圆形截面竖井非常适用,但是针对矩形大尺寸竖井,所有的围护结构都是有限长的,只是相对长度不同而已。

竖井围岩侧压力不仅随着竖井深度变化而改变,也会随着水平方向的位置不同产生变化。这说明,矩形截面的围岩侧压力是一个空间问题,而不能简单地将其假设为平面问题,必须考虑竖井的空间效应。

前述内容中谈到了竖井围岩极限平衡拱的形成,此处不再赘述。平衡拱柱段与围岩体共同发生位移,但受到了底部的约束,柱段形成了曲线形的滑动面,而该滑动面,就是产生滑裂体的基础。当上述的位移达到一定数值之后,围岩体中就会出现滑裂体。滑裂土体的出现,就是竖井围岩侧压力产生的原因。分析围岩侧压力的空间效应,关键在于分析滑裂体的相关性质。

2)滑裂体形状

滑裂体在竖井围岩体中,是由围护墙面、滑动面、平衡拱面3个部分包围而成的岩体。在挡土墙的设计理论中,考虑滑裂体的形状主要与挡土墙的长高比 L/H 有关。随着长宽比 L/H 的无限增大,滑裂体的现状就逐渐接近于三角形楔体,如图4.12所示。但是在竖井围岩中,这样的尺寸并不合适,竖井通常是深度远大于长度,基于三角形楔体的假设就有偏差。

顾慰慈等人基于挡土墙的特点,针对基坑特点,提出了抛物线型滑裂体的假设。在长高比较大时,滑裂体为抛物线型,而当长高比较小,即深度较深时,滑裂体为两边对称弧形,中间直线型。具体形状如图4.13所示。

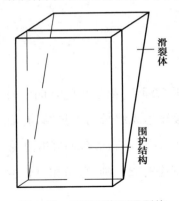

图4.12 三角形楔形滑裂体

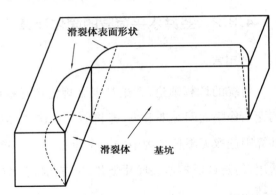

图4.13 竖井滑裂体简化模型

3)水平荷载简化计算

无论是抛物线型的滑裂体,还是两段对称弧线形滑裂体,都是直接作用于竖井的围护结构。围岩侧压力都可以表示为

$$\sigma_x = kG \qquad (4.4)$$

式中　k——土压力系数;

G——楔形体的重力。

由此可知,竖井围岩侧压力与滑裂体有着直接的关系。通过上文分析,通常滑裂体的形状为抛物线型和对称弧线形。而这两种形状,都是直接作用于竖

井整体的围护结构上。因竖井的长度通常远小于深度,故在城市轨道交通的深竖井中,两边对称抛物线型,中间直线型的滑裂体形状更为普遍。计算简图如图4.14和图4.15所示。

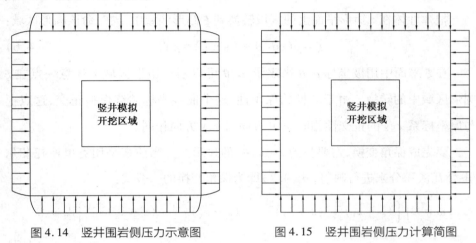

图4.14　竖井围岩侧压力示意图　　　　图4.15　竖井围岩侧压力计算简图

根据现有的两边对称抛物线型,中间直线型的滑裂体形状函数可以发现,两边弧线只占了边长的小部分,绝大多数区域的滑裂体均为直线型。针对该特点,本书作出以下假设:楔形体忽略两边的抛物线型,均为直线型的滑裂体,并均匀分布在围岩体的四周。由此,围岩侧压力由该均布压力所产生。

4.3.3　基于复变函数的竖井围岩应力解析解

1)保角变换

针对矩形截面隧道的围岩应力分析,当前多采用平面孔口弹性力学的复变函数理论。而本书研究的同样为矩形开挖断面的构筑物,两者区别只是在围岩应力存在的方式上有一定差别,但是对分析开挖断面处的围岩侧压力依然有很重要的借鉴意义。本书基于矩形隧道的复变函数求解方法对围岩侧压力进行分析。

求解矩形截面围岩应力的理论基础在于利用保角变换，将矩形域的问题转换为圆形域，从而便于利用弹性力学求解。利用保角变换有

$$z = \omega(\xi) \tag{4.5}$$

把弹性体在 z 矩形平面上的区域转换到 ξ 圆形区域中，同时命该圆形区域：

$$\xi = \rho(\cos\theta + i\sin\theta) = \rho e^{i\theta} \tag{4.6}$$

在 ξ 平面中用极坐标 ρ、θ 来表示，ρ、θ 可以当作矩形区域上任意一点在 ξ 圆形区域中的转换。由于转换的保角性，这个曲线坐标始终保持正交，这点上与原坐标系 x、y 的正交性相同，ρ、θ 方向与 x、y 方向相同。

要完成保角变换，需要找到 $z = \omega(\xi)$ 的显示式。当前多采用克里斯托菲尔里-什瓦茨积分来进行映射，式(4.7)即为保角变换的一般式：

$$\omega = K\int\left[(z-x_1)^{\frac{\alpha_1}{\pi}-1}(z-x_2)^{\frac{\alpha_2}{\pi}-1}\cdots(z-x_k)^{\frac{\alpha_k}{\pi}-1}\cdots(z-x_n)^{\frac{\alpha_n}{\pi}-1}\right]\mathrm{d}z + C$$

$$\tag{4.7}$$

其中 $\alpha_1, x_1, \alpha_2, x_2, \cdots, \alpha_n, x_n$ 分别表示 z 区域中多边形的映射点位置和映射角，根据复变函数理论，将 z 平面矩形外边界映射到 ζ 平面单位圆区域内，则 $C = 0$ 可通过找到合适的 α 和 x，即可求得映射函数。

$$z = \omega(\zeta) = R\int_0^\zeta\left[(t-x_1)^{\frac{\alpha_1}{\pi}-1}(t-x_2)^{\frac{\alpha_2}{\pi}-1}\cdots(t-x_k)^{\frac{\alpha_k}{\pi}-1}\cdots(t-x_n)^{\frac{\alpha_n}{\pi}-1}\right]\mathrm{d}t$$

$$\tag{4.8}$$

本书重点关注的边长方向上的变化，而不是具体的数值，为了便于分析，假设矩形孔口为正方形，由此求得正方形孔区域的映射函数：

$$z = \omega(\xi) = R\left(\frac{1}{\xi} - \frac{1}{6}\xi^3 + \frac{1}{56}\xi^7 - \frac{1}{176}\xi^{11} + \frac{1}{384}\xi^{15} + \cdots\right) \tag{4.9}$$

注：在实际的求解中，根据工程的精度需要，只需要保留上述关系式的前 3 项即可。

2）应力函数解析解

矩形隧道的围岩应力利用复变函数求解当前比较成熟，可利用以下公式来

求解矩形断面上任意一点的围岩应力。

$$\sigma_x + \sigma_y = 4\mathrm{Re}\big[\varphi'(z)\big] \tag{4.10}$$

$$\sigma_y - \sigma_x = 2\mathrm{Re}\big[\bar{z}\varphi''(z) + \psi'(z)\big] \tag{4.11}$$

$$\tau_{xy} = \mathrm{Im}\big[\bar{z}\varphi''(z) + \psi'(z)\big] \tag{4.12}$$

式中　$\varphi(z)$、$\psi(z)$——隧洞外的解析函数；

$\bar{z}$——z 的共轭。

求解矩形隧道围岩应力函数的关键在于解析函数的求解。国内外专家结合具体的映射方法对 $\varphi(z)$、$\psi(z)$ 的解析式进行了大量的求解,可用侯化强等给出的孔边围岩应力解析通式进行竖井围岩侧压力的求解。

$$\sigma_\theta = \frac{4(HI + JK)}{I^2 + K^2}q_y \tag{4.13}$$

其中:

$$H = 14 - 24\cos 2\theta - 7\cos 4\theta \tag{4.14}$$

$$I = 56 + 28\cos 4\theta \tag{4.15}$$

$$J = -24\cos 2\theta - 7\sin 4\theta \tag{4.16}$$

$$K = 28\sin 4\theta \tag{4.17}$$

以上求解通式针对的是正方形孔的 x 方向受力状态下的求解通式,符合隧道的受力状态,但是对比竖井的四边受力,还是有些区别。本书利用上述的通式,结合应力叠加的理论(图 4.16),求出竖井围岩侧压力的分布公式。

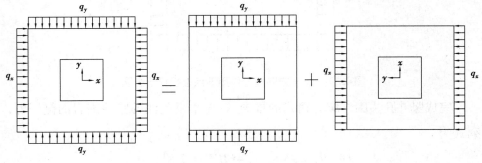

图 4.16　应力叠加图

图 4.16 中，q_y 对应的是隧道孔口应力的求解通式，对 q_x 对应的力学关系式进行通式的变换，假设 z 区域任意一点在 q_y 的力学关系式中对应的角度为 θ，在 q_x 的力学关系式中对应的角度为 θ'。由此列出竖井孔边任意一点围岩应力通式为

$$\sigma_\theta = \frac{4(HI + JK)}{I^2 + K^2}q_y + \frac{4(H'I' + J'K')}{I'^2 + K'^2}q_x \tag{4.18}$$

注：H'、I'、J'、K' 与前述的 H、I、J、K 有着相同的表达式，仅极坐标角度不同。

z 区域的 x、y 方向具备正交性，而利用映射函数完成变换之后的极坐标 ρ、θ 同样具备正交性。如图 4.17 所示，在 q_x 的应力计算图中，A 点的极坐标是 θ'，在 q_y 的应力计算图中，A 点的极坐标是 θ。由于坐标系的正交性，可得 $|\theta - \theta'| = 0.5\pi$，因此 H'、I'、J'、K' 的表达式同样可用 θ 表示为

$$H' = 14 + 24\cos 2\theta - 7\cos 4\theta \tag{4.19}$$

$$I' = 56 + 28\cos 4\theta \tag{4.20}$$

$$J' = 24\cos 2\theta - 7\sin 4\theta \tag{4.21}$$

$$K' = 28\sin 4\theta \tag{4.22}$$

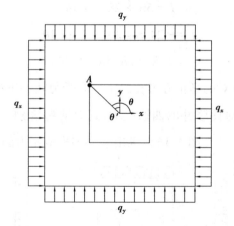

图 4.17　x、y 方向应力作用下点位坐标示意图

完成竖井孔边围岩应力通式的推导，针对本书关注的竖井围岩的侧压力，列式为

$$\sigma_\theta = \left[\frac{4(HI + JK)}{I^2 + K^2}q_y + \frac{4(H'I' + J'K')}{I'^2 + K'^2}q_x\right]\sin\theta \tag{4.23}$$

3) 长边方向应力分析

根据矩形隧道孔边应力的复变函数解析解,本书推导了竖井围岩侧压力复变函数解的通式。为了分析竖井水平方向的围岩侧压力分布特征,本书采用MATLAB 分析极坐标 θ 在 $(45°,135°)$ 区间里(即竖井长边的一端到另一端)的竖井围岩侧压力的变化情况。详细变化如图 4.18 所示。

根据图 4.18 可以分析得到以下结论:

①竖井的围岩侧压力在边角处最大,中间位置最小。这样的理论解与模型试验数据完全相符,客观地证实了模型试验的准确性。

②边长的中部附近大部分区域处于围岩压力变化较小状态,靠近边角处才会出现应力的陡增。

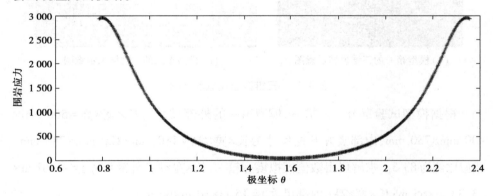

图 4.18　竖井围岩侧压力水平分布示意图

4.4　模型试验与数值实验的对比

为了验证模型试验结果的真实性和假设的合理性,以竖井模型模拟的原型竖井为研究对象,采用相同的模型尺寸和材料性质,利用有限元数值模拟软件对模型试验的实例进行计算,如图 4.19 所示。

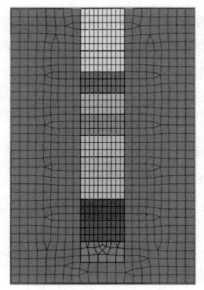 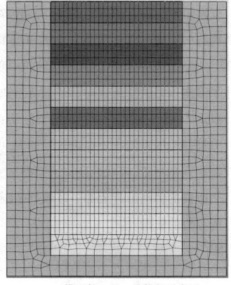

(a)模型箱一的三维模拟示意图　　　　　　(b)模型箱二的三维模拟示意图

图 4.19　三维数值模拟示意图

　　根据模型试验章节中的描述,模型箱一的外部尺寸为长×宽×高 = 500 mm×400 mm×780 mm,内部竖井开挖尺寸为长×宽×高 = 180 mm×120 mm×780 mm,相似比例为83.3。求解可得数值模拟模型箱一:长×宽×高(外部尺寸) = 41.67 m×33.33 m×65 m;长×宽×高(内部尺寸) = 15 m×10 m×60 m。

　　模型箱二的外部尺寸为长×宽×高 = 600 mm×300 mm×780 mm,内部竖井开挖尺寸为长×宽×高 = 360 mm× 60 mm×780 mm,相似比例为83.3。求解可得数值模拟模型箱二:长×宽×高(外部尺寸) = 50 m×25 m×65 m;长×宽×高(内部尺寸) = 30 m×5 m×60 m。

4.4.1　测试点位时空效应对比分析

　　在第 2 章中,介绍了相似三定理,并基于相似理论推导出了围岩应力的相似系数函数关系式。为了更好地对比,本小节将模型试验求解得到的围岩侧压力进行还原,以便将模型试验和数值试验进行直接对比。

模型试验相似系数函数关系式为

$$\frac{C_\sigma}{C_l C_\gamma} = 1 \tag{4.24}$$

相似材料的最佳配合比为 586。利用所求尺寸相似比和容重相似比,求得应力相似比为 100.7,将此参数带入模型试验的求解数据中,即可还原竖井的围岩侧压力真实值,并利用该真实值与数值试验求解结果进行对比。详细的对比曲线如图 4.20 所示。

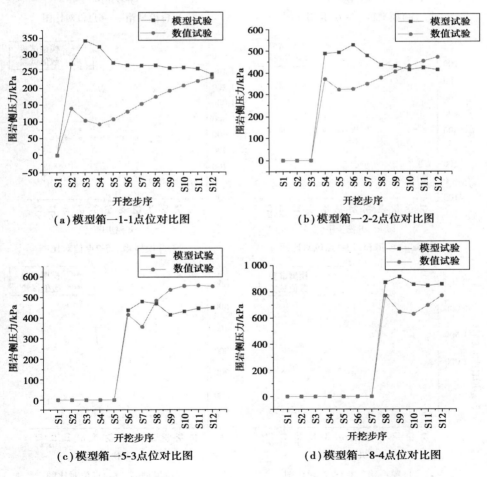

(a)模型箱—1-1点位对比图　　　　　(b)模型箱—2-2点位对比图

(c)模型箱—5-3点位对比图　　　　　(d)模型箱—8-4点位对比图

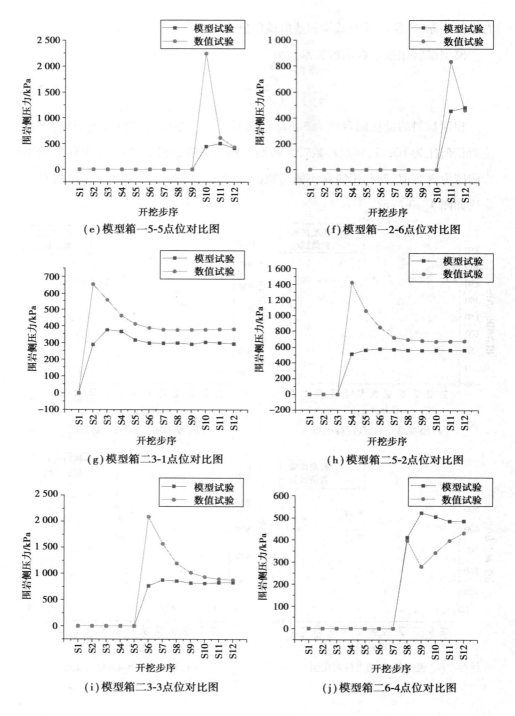

(e) 模型箱一5-5点位对比图

(f) 模型箱一2-6点位对比图

(g) 模型箱二3-1点位对比图

(h) 模型箱二5-2点位对比图

(i) 模型箱二3-3点位对比图

(j) 模型箱二6-4点位对比图

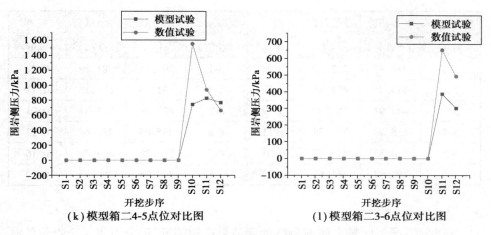

（k）模型箱二4-5点位对比图　　　　（l）模型箱二3-6点位对比图

图4.20　数值试验和模型试验围岩侧压力对比

将模型箱一和模型箱二的测试点位时空曲线与数值试验结果进行对比,可得出以下结论:

①相同点:观察模型试验、数值试验对应点位的时空曲线图,可以分析得出:在模型试验和数值试验的时空曲线中,围岩侧压力陡增、卸荷回弹两个过程都明显具备,且越是竖井上部的测试点位,这两个过程的现象越明显。从定性的角度分析,模型试验的施工模拟是符合客观规律的。

分析竖井上部点位陡增和卸荷回弹现象更为明显的原因:上部点位从开挖到竖井整体开挖结束,历时更久。而基于围岩开挖扰动理论可知,在开挖直径的3~5倍范围内,围岩体都会受到开挖岩体的扰动,基于扰动理论的考虑,竖井中越是靠上的测试点位,陡增和卸荷回弹的现象越为明显。

②相同点:分析每一个测试点位开挖完成时,围岩侧压力最终值,见表4.5,可以分析数值试验和模型试验的计算最终值差距较小,相对差值基本控制在20%以内。从围岩侧压力大小的角度分析,模型试验的求解结果具有合理性。

表4.5 竖井开挖完毕两种计算围岩侧压力对比表

模型箱一 点位	模型试验 /kPa	数值试验 /kPa	相对 差值	模型箱二 点位	模型试验 /kPa	数值试验 /kPa	相对 差值
1-1	241.83	232.59	0.04	3-1	295.51	381.29	0.22
2-2	414.85	471.53	0.12	5-2	561.93	675.13	0.17
5-3	447.91	552.00	0.19	3-3	832.26	877.31	0.05
8-4	858.73	770.78	0.11	6-4	485.69	431.45	0.13
5-5	410.55	432.12	0.05	4-5	769.29	664.70	0.16
2-6	482.97	461.51	0.05	3-6	300.96	492.63	0.39

③区别：虽然两种方法的最终计算结果比较接近，但分析每一个点位的时空曲线可以明显发现，数值试验陡增过程中，出现的最大值远大于模型试验时空曲线的最大值。差值最大出现在模型箱一的5-5测试点位，最大值差距达到了5倍。

针对时空曲线中，模型试验和数值试验最大值差距很大的现象，分析如下：利用数值模拟软件考虑竖井施工效应，可以较好地反映施工步对开挖断面的影响。但是这一过程在有限元软件中，每两个开挖步序之间忽略了时间的因素，即数值模拟软件在模拟施工的过程中，未给充分的时间让围岩体发生应力重分布，即数值模拟软件为"假"的施工过程。模型试验和实际的竖井开挖，每开挖一个断面都会预留时间，让围岩体发生应力重分布。实际的竖井开挖，先前施工步开挖的断面，随着施工步的进行，仅受到围岩开挖的扰动作用。而数值模拟先前施工步开挖的断面，随着竖井的继续开挖，不仅受到围岩开挖的扰动作用力，还受到岩体本身的应力重分布的影响。在时空曲线中，数值试验和模型试验最大值的差距较大。

同时，基于本小点可以分析得出：无论是数值试验还是模型试验，两者的最终值都小于时空曲线的最大值。在实际的支护设计中，需要考虑这一过程最大值，实现支护及时性的设计理念。

④区别：前述对比数值试验和模型试验相同点中描述到，两者的时空曲线都明显具有陡增和卸荷回弹的过程，但是区别在于：数值试验出现卸荷回弹的时间点明显早于模型试验。同时在数值试验的一些点位中，施工步后期仍存在应力增加的现象［如图4.20(a)中的模型箱—1-1点位］。分析这一区别，正如在③中所提到的，数值软件模拟施工过程忽略了时间效应，导致了应力重分布和发生扰动效应这两个过程都在后续的所有施工步中进行，进而导致数值试验与模型试验在发生该过程的一些时间点上出现了偏差。但是，从大体的规律上来说，模型试验和数值试验的相符程度很高。

综上，基于以上对数值试验和模型试验的测试点位时空曲线相同点和区别分析，可以总结出：虽然两者的时空曲线存在着卸荷回弹顺序区别、过程最大值差距大的不同点，但是总体的过程包含现象相同，且时空曲线围岩侧压力的发展趋势相近，最终值相似。从定性、定量的角度分析，该模型试验具备了真实性和合理性。

4.4.2　测试点位深度曲线对比分析

1)库伦压力理论

当前竖井围岩侧压力在设计的过程中，较多地采用朗金理论、库伦压力理论等均匀地压计算理论。本书基于针对岩体的特性，选择库伦主动压力理论作为理论解与数值试验、模型试验的计算结果进行对比，以便分析现有设计理论的不足，并验证数值试验、模型试验的准确性。

库伦土压力理论作为经典土压力理论之一，在1776年由库伦(C. A. Coulomb)提出，是计算土压力的最常见的方法。它是依据墙后所形成的滑动楔体静力平衡条件推导得到压力计算公式。该公式假定滑动面为平面，墙后土体为无黏性土，并且考虑墙背与土层之间的摩擦力。针对Ⅳ级围岩，考虑滑动楔体静力平衡的库伦土压力计算理论更为合适。同时，竖井有别于普通的挡土墙、边坡，竖井围护结构后的岩层在开挖之后，作用的方向大多背离岩层方向，

即作用在围护结构上的是主动土压力。在实际的设计中,大多采用库伦主动土压力进行计算,详细的公式为

$$K_a = \dfrac{\cos^2(\varphi - \varepsilon)}{\cos^2\varepsilon \cos(\varepsilon + \delta)\left[1 + \sqrt{\dfrac{\sin(\varphi + \delta)\sin(\varphi - \beta)}{\cos(\varepsilon + \delta)\cos(\varepsilon - \beta)}}\right]^2} \quad (4.25)$$

式中 K_a——库伦主动土压力系数;

γ、φ——围岩的重度和摩擦角;

ε、β——围护结构与垂直线的夹角和岩层面与水平面的夹角,由于竖井都为竖直墙面且本书考虑均质的情况,因此两者设为0;

δ——围护结构与填土之间的摩擦角。

2) 数值对比

前述内容中从定性及定量的角度分析了模型试验的准确性和真实性,本小节则重点关注模型试验的围岩侧压力沿竖井井深的分布情况。对比库伦理论、模型试验与数值试验的围岩侧压力计算结果,并选择水平方向长边中点,边角作为对比点位,详细的围岩侧压力-深度曲线如图4.21、图4.22所示。

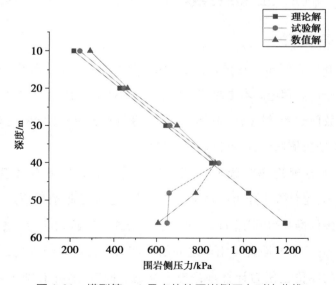

图4.21 模型箱一1号点位的围岩侧压力对比曲线

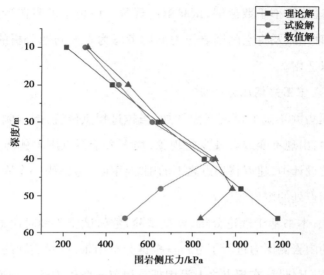

图 4.22　模型箱—2 号点位的围岩侧压力对比曲线

根据选取的具有代表性的点位:中间节点和边角处点位,分析 3 种方式测算的围岩侧压力-深度分布曲线,得到以下结论:

(1)理论解不存在围岩侧压力分布的拐点

根据图 4.21 和图 4.22 中的曲线,试验解和数值解随着竖井的深度的增加,围岩侧压力开始阶段处于线性增加状态,达到一定的深度之后,围岩侧压力曲线出现增加拐点。拐点之下,围岩侧压力保持不变甚至出现骤减的状态。而理论解一直保持着线性增加的状态。该对比也体现了传统的理论中,对深部围岩侧压力认识不够的问题。传统的计算理论中,围岩侧压力通过竖向地应力乘以一个水平压力系数求得,这样的算法在较浅的竖井求解中合适,但是针对深竖井,基于松散荷载理论计算的结果就会在深部点位出现较大的偏差。

(2)拐点之上围岩侧压力分析

无论是竖井的中部点位,还是边角点位,数值解和试验解都比较接近,这也再一次证明了模型试验的合理性。

在中间节点处,理论解与数值解、试验解都较为接近,证明了在竖井中部点位上,传统理论的准确性,沿用当前传统的设计理论是合理的。但在边角节点处,明显出现理论解小于数值解、试验解的现象。该现象说明在当前设计理论中,均匀地压理论以及将空间围岩压力问题考虑为平面问题分析的理论,在某些点位上难以适用。

(3)拐点之下围岩侧压力分析

围岩侧压力并不随着深度无限增加,当越过拐点位置,围岩侧压力在数值解和试验解中,出现不变或者减少的现象,均无大于拐点围岩侧压力的现象出现。在实际的设计中,建议将拐点之下的围岩侧压力考虑为一个固定值。该固定值建议为拐点处的围岩侧压力。

综上所述,本书基于理论分析、模型试验、数值试验3种对比求解方式,对矩形深竖井的围岩侧压力进行了分析。根据分析结果,针对实际的竖井工程设计项目,提出以下建议:在拐点之上沿用现有规范的侧压力计算理论;在拐点之下,围岩侧压力假设为一定值,该定值取围岩侧压力拐点处计算值。

本书建议的围岩侧压力分布特征与现有规范的围岩侧压力设计理论对比,在竖井的深部区域的围岩侧压力考虑中,更加接近真实值,并可以节约大量的人力、物力、财力。本书提出的分布特征为今后的围岩侧压力理论研究提供了参考。但是针对建议中关键的拐点位置确定,还没有进行分析,第5章将会重点分析围岩侧压力拐点位置。

4.4.3 测试点位水平曲线对比分析

在4.3节中,提取了竖井模型试验中的围岩侧压力水平分布曲线,并推导了竖井周边围岩应力的解析解通式。基于理论和试验两种分析方式,总结得出:竖井在水平方向,竖井的长、宽边上的中间节点位置的围岩侧压力最小,竖井的边角处围岩侧压力最大。但是,由于竖井模型试验的重点在于围岩侧压力的深度曲线分布研究,水平方向上设置的测试点位较少,需要进一步利用数值模拟分析,围岩侧压力在水平方向上的分布曲线,验证模型试验和理论分析所得到的规律。

建立竖井的三维数值模型,利用 GTS/NX 软件分析围岩侧压力在竖井水平方向上的分布曲线。详细的应力云图如图 4.23 所示。

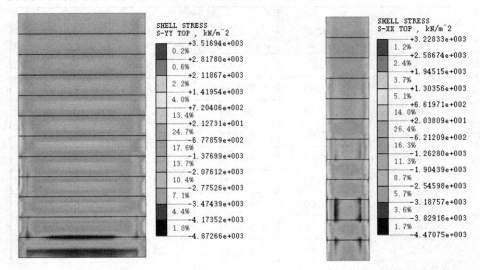

(a)长边方向围岩应力云图   (b)短边方向围岩应力云图

图 4.23 竖井围岩应力云图

由图 4.23 可知,围岩侧压力在长边、短边方向上都有着中间点位最小、边角处最大的趋势。但围岩应力云图只是直观感受,并没有直接的点位数据体现。本书将会提取模型中的数据,利用表格直观地反映围岩侧压力的水平分布特征。为了便于直接的对比,在竖井的长边中间点位建立坐标轴,如图 4.24 所示。

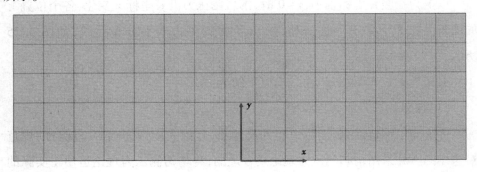

图 4.24 竖井坐标轴示意图

基于图 4.24 所示坐标轴,沿着 $y=0$ 方向提取围岩侧压力数据,见表 4.6。

表 4.6 数值模型围岩侧压力水平分布

水平坐标＼深度	10 m/kPa	30 m/kPa	40 m/kPa	50 m/kPa
-14	67.67	-5.66	9.54	259.50
-12	275.46	937.81	1 197.26	615.27
-10	225.13	665.36	866.30	527.63
-8	227.07	678.58	867.63	520.44
-6	218.63	666.88	866.56	523.82
-4	218.67	645.92	849.92	526.35
-2	218.09	621.10	827.01	528.23
0	217.58	571.73	810.17	527.19
2	218.55	571.34	795.29	532.55
4	225.44	609.32	796.25	537.08
6	229.49	645.71	830.58	541.91
8	235.54	689.28	868.72	537.59
10	236.84	226.22	313.98	528.78
12	299.77	943.56	1 120.95	602.68
14	58.29	288.56	444.25	277.48

以上为在竖井坐标轴中,$y=0$ 时,围岩侧压力沿着坐标 x 变化,各个位置上的围岩侧压力。基于上述表格,绘出围岩侧压力水平分布曲线,如图 4.25 所示。

根据表 4.6 和图 4.25,总结出以下结论:

(1)围岩侧压力的非均布性

传统的山岭隧道、矿山隧道竖井尺寸小,且绝大多数为圆形。现行的规范对这样的竖井采用均布侧压力理论是合理的,将均匀侧压力理论运用于实际的工程设计项目也是安全、稳定的。但是针对城市轨道矩形深竖井,通过模型试验、理论推导、数值模拟都得到一致结论:围岩侧压力沿着竖井水平方向上并非均匀分布,且最大点与最小点差距较大。此时,若完全忽略围岩侧压力的非均布性,就会导致设计的遗漏,容易出现安全事故。

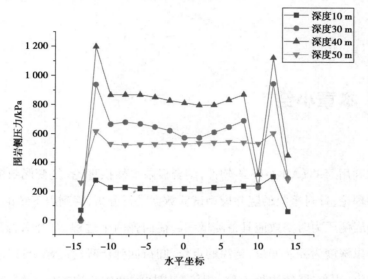

图4.25 数值模型围岩侧压力水平分布曲线

(2)围岩侧压力的递增性

前述小节中,利用模型试验发现,围岩侧压力在边角点位大于中间点位,虽然针对该现象总结出一定的规律,并且推导了竖井孔边围岩应力的解析解通式,但是由于点位有限,需要利用数值试验对该规律进行大量数值模型计算的验证。通过数值模拟计算,可以明显发现,在竖井边长的中间点位上围岩侧压力最小,而接近边角处,围岩侧压力最大,并且从中间点位到接近边角的围岩侧压力最大点位,围岩侧压力随着偏离中间逐渐增大,显现出了明显的递增性。

综上所述,围岩侧压力在水平方向上具有非均匀分布的特性,且从中间点位出发,显现出明显的递增性,但是这样的递增性在绝大多数的水平点位上都增加较少,此时利用规范的均布压力理论是合理的。但是当点位接近边角时,围岩侧压力就会出现突变的情况,这一现象与前述利用 MATLAB 对竖井周边围岩应力的解析解通式绘图比较相符。针对实际的竖井工程设计项目,提出以下建议:在竖井设计项目中,除靠近边角的点位都考虑相同的围岩侧压力,沿用现有规范的计算方式。但是对边角附近的点位,需要加大侧压力的考虑,增加支护刚度。

4.5 本章小结

本章利用 MATLAB、GTS 等软件,结合极限平衡拱理论、复变函数围岩应力解析解等理论,针对采集的竖井模型试验数据进行分析,得到以下结论:

①围岩侧压力时空效应具备陡增和卸荷回弹两个过程,符合围岩开挖的客观规律。以深度为控制变量,越深的点位,卸荷回弹历程时间越短;以水平位置为控制变量,边角处、短边处点位,相较于同样深度的长边方向点位,卸荷回弹历程时间更短。空间约束效应对围岩侧压力时空效应曲线有一定影响,但该影响不会导致结果分析的准确性。在竖井的上部测试点位中,空间约束效应现象明显抑制竖井围岩侧压力的增大,在竖井的深部点位中,空间约束效应抑制卸荷回弹作用。

②深竖井围岩侧压力并非沿着深度一直线性增加,而是达到一定深度,出现拐点,围岩侧压力不再增加,甚至是减少。围岩侧压力拐点之上,竖井的围岩侧压力符合传统松散荷载计算理论,满足了围岩侧压力线性增加的特点。但是拐点之下,竖井的围岩侧压力不会增加,甚至是急剧下降。在本模型试验中,拐点的位置主要发生在 40～48 m。基于极限平衡拱理论,分析围岩侧压力深度方向的分布特征,揭示了围岩侧压力分布曲线拐点出现的机理。

③矩形截面的竖井围岩侧压力为非均布的状态,短边、长边两个方向上的围岩侧压力大小相近。竖井水平方向上,边长中间侧压力最小,并向边角处发

散增加,靠近竖井边角处达到围岩侧压力的最大值。针对围岩侧压力产生机理,简化了滑动楔形体形状,从而优化计算荷载,利用保角变换,将矩形域问题转换为圆形域问题,基于隧道孔口围岩应力解析解通式,推导竖井周边围岩应力通式,并利用 MATLAB 分析,求得围岩侧压力水平分布特征。

④对比数值试验和模型试验时空效应曲线,相同点:两者均包含围岩压力陡增、卸荷回弹两个过程,且计算最终值差距较小。区别:陡增过程中,数值试验最大值远大于模型试验时空曲线的最大值;数值试验出现卸荷回弹的时间点明显早于模型试验。存在该现象主要在于数值试验的施工步为"假时间",对比模型试验,数值试验并未预留充分的时间让围岩体在开挖之后充分产生应力重分布。虽然有不同点,但总体的过程包含现象相同,且从定性、定量的角度分析,该模型试验具备了真实性和合理性。

⑤对比理论解、数值试验、模型试验的围岩侧压力-深度曲线,分析得到在拐点之上中间点位,三者比较相符,但是拐点之下,数值试验和模型试验计算的围岩侧压力明显小于理论解,即围岩侧压力存在增加拐点。建议:在拐点之上沿用现有规范的侧压力计算理论;在拐点之下,围岩侧压力假设为一定值,该定值取围岩侧压力拐点处计算值。

⑥利用数值模拟试验分析围岩侧压力的水平分布曲线:围岩侧压力在水平方向上具有非均匀分布的特性,且从中间点位到边角点位,显现出明显的递增性,但是这样的递增性除边角外都增加较少。建议:竖井设计项目中,除靠近边角的点位,全部考虑相同的围岩侧压力,且沿用现有规范的计算方式,但是对边角附近的点位,需要考虑加大侧压力,增加支护刚度。

5 矩形深竖井围岩侧压力深度曲线拐点研究

利用模型试验、理论分析对矩形深竖井围岩侧压力的时空效应曲线、深度曲线、水平分布曲线进行详细的分析。通过围岩侧压力-深度曲线分析可知,在拐点之上围岩侧压力满足松散荷载理论的规律,围岩侧压力随着深度的增加线性增加。当测点深度达到一定的范围后,围岩侧压力的增加曲线出现拐点,增大的趋势消失,甚至出现了明显减小的趋势。为了研究围岩侧压力的分布特征,以及为实际的设计提供理论研究的参考,研究围岩侧压力深度曲线中的拐点位置尤为重要。

在竖井模型试验中,该拐点位置多出现在竖井模型的 40~48 m。但这只是针对特定的竖井模型尺寸、围岩参数所求得的拐点位置,并没有广泛性和应用性。需要进行大量的模型分析,总结规律求解出关于拐点位置的规律函数。由于模型试验存在着研制成本高、研究时间长等实际问题,难以利用模型试验穷尽所有深竖井尺寸的可能。因此,基于模型试验,本书有必要开展深竖井数值实验,利用有限元软件,建立相似试验的分析模型,证明该相似试验的合理性。同时利用多个数值模型,分析竖井深度、深长比、围岩参数等因素对竖井围岩侧压力深度曲线拐点位置的影响。

数值软件分析作为一种有限元分析手段,在土木工程中得到了大量的应用。利用数值分析软件可以将土木工程中一些复杂问题简单化,并且可以模拟实际的开挖工序,让施工过程中的物理参数变化反映在结果之中。本书针对实际竖井项目的特点及需求,重点研究开挖过程中围岩侧压力的变化情况以及开挖后的深度-压力曲线。基于以上目的,本书选择了 MIDAS/GTS 有限元分析软件作为数值试验的载体,来完成数值试验的分析。

5.1　数值模型建立

5.1.1　计算参数的选取

第 2 章中描述了模型试验模拟围岩的基本参数,数值试验依然按照此设定参数分析计算,见表 2.1。而针对初期支护,本书设定参数见表 5.1。

表 5.1　初期支护参数表

支护结构	$\gamma/(kN \cdot m^{-2})$	E/GPa	ν	截面厚度/mm	混凝土等级
初期支护	25	20	0.2	500 mm	C25

5.1.2　基本假定

采用 MIDAS/GTS 有限元数值分析软件对竖井进行建模分析。为了既满足分析结果的准确性,又满足软件模型计算的可行性,本书对竖井有限元模型的建立进行了以下的简化假设和等效:

①竖井周围地势平坦,且无堆积荷载。

②围岩体非线性计算中,忽略材料的抗拉强度。

③围岩参数的恒定性,忽略竖井开挖对围岩物理力学参数的影响,忽略围岩体的塑性硬化。

④围岩体为各向同性连续性均质材料,且应力应变关系在弹塑性范围内。

⑤初期支护均为各向同性弹性均质体,且应力应变关系在弹塑性范围内。

⑥由于本课题的重点研究方向为围压分布特征,因此忽略地下水对围压的影响,便于更好地分析围压变化曲线。

5.1.3　竖井模型建立和边界设定

竖井模型试验模拟尺寸为长×宽×高 = 30 m×10 m×60 m,为了更好地证明模型试验的合理性,数值实验也采用该尺寸进行实际模拟(相关的深度、高长比参数变化的模型在后文中阐述)。针对开挖步序的设计,模型试验中以 5 m 为一层进行模拟开挖,数值实验也采用相同的长度步序,开挖 60 m 的深竖井共计 12 步。同时,对竖井周围围岩体,根据现有的文献可知,围岩体开挖的扰动范围一般为 3 ~ 5 倍,竖井周围围岩体的模型尺寸设置为长×宽×高 = 200 m×100 m×200 m。在坐标系的选择上,以 z 轴负方向为重力方向,重力加速度采用国际通用的 9.806 65 m/s² 。按照以上模型规定内容,建立三维数值模型,如图 5.1 所示。

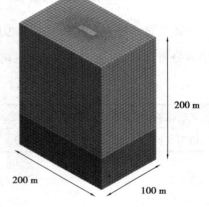

图 5.1　三维数值模型示意图

按照扰动范围的要求,本模型试验的尺寸设置预留了足够的范围。同时根据扰动范围以外岩体介质点的位移特点,本书进行了近似假设,将位移为 0 的介质点近似看成固定端,确保模型计算的准确性。详细的模型边界条件见表 5.2。

表 5.2　竖井模型边界条件

边界类型	x	y	z	备　注
模型区域上面	自由	自由	自由	忽略堆积荷载
模型区域侧面	固定	固定	自由	—
模型区域底面	固定	固定	固定	—

5.1.4　材料本构模型选取

本书的研究对象主要为Ⅳ级围岩,需要对岩石的本构模型进行详细的了解,才能便于数值实验的本构模型选取。岩石作为土木工程中经常接触的材料,关于它的本构模型多年来有着大量的研究,通过岩石的应力-应变曲线来确定岩石的本构关系,常见的本构关系有弹塑性模型(如 Mohr-coulomb 模型、剑桥模型)、线弹性模型(如胡克定律)、黏弹性模型等。而支撑这些本构模型研究的根本理论,学术界也归纳为两支。

第一支是弹塑性理论。这是由材料力学引入岩石力学研究中的基本理论,其理论成熟,应用广泛。它是基于岩石内部的应力-应变关系构成本构模型,采用与具体材料特性相关的屈服条件来求解,屈服函数的主要作用是应力判定依据。

第二支是岩石流变理论。该理论基于时间的效应,将时间参数加入了应力-应变函数关系中,同时与弹塑性理论分析过程对比,流变理论最大的区别在于分析过程是一个不平衡的过程。工程中,由于使用年限长,安全性要求高,因此,利用流变理论研究岩石变形的时效性在工程项目中有着重要的意义。

本书主要研究围岩侧压力在深度较大的竖井中的分布特征。因流变理论在这一研究中的应用价值不大,故数值模型试验采用弹塑性理论作为围岩体的本构模型。弹塑性模型通常把岩石的变形分为弹性变形和塑性变形两个部分:弹性变形部分可用胡克定律进行计算。塑性变形部分用塑性理论计算,而这一部分的变形主要基于 3 个方面的理论：第一是屈服准则，它确定了当前材料的状态是否处于塑性流动状态；第二是流动定律，它描述了当前的应变张量与应力之间的关系，并以此构成了弹塑性本构模型关系表达式；第三是硬化定律，确定屈服准则随着变形发生了变化，正如前文中假设，本书假定材料的参数不发生变化，忽略材料的硬化定律。

基于以上分析，本书选择 Mohr-Coulomb 作为岩石的弹塑性本构模型，基于非关联的流动法则，考虑屈服强度极限准则。

Mohr-Coulomb 屈服准则：

$$f'_{MC} = I_1 \sin \varphi + \frac{1}{2} \left[3(1 - \sin \varphi) \sin^t \theta + \sqrt{3}(3 + \sin \varphi) \cos^t \varphi \right] \sqrt{J_2^t} - 3c$$

$$(5.1)$$

式中 I_1、J_2^t——第一应变不变量、t 时刻第二偏应力不变量；

       c、φ——岩体黏聚力、摩擦角。

5.1.5 深竖井开挖模拟

数值实验模拟竖井开挖与模型试验的开挖方法保持一致，采用每 5m 一层开挖的顺作法，大致的步序见表 5.3。

表 5.3 深竖井顺作法开挖步序表

施工步序	地铁深竖井顺作法施工
SI	模型自重、边界约束加载，位移清零
S1	开挖竖井模型第 1 层
S2	开挖竖井模型第二层，支护竖井模型第 1 层
S3	开挖竖井模型第三层，支护竖井模型第 2 层
⋮	开挖竖井模型第 m 层，支护竖井模型第 $m-1$ 层
Sn	支护竖井模型第 $n-1$ 层，整个竖井模型完成开挖模拟

表5.3中竖井模型按照5 m的步序,依次完成开挖、支护。具体的模型开挖如图5.2所示。

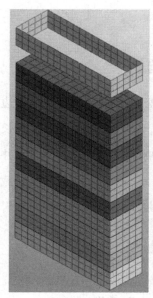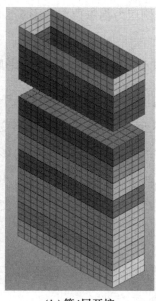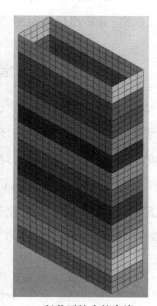

(a)第1层开挖   (b)第4层开挖   (c)竖井开挖支护完毕

图5.2 竖井施工开挖示意图

5.2 基于尺寸参数的围岩侧压力拐点研究

前述章节中,利用平衡拱理论分析了拐点出现的本质机理。通过该分析可知,竖井的长、高比即L/H极大地影响了围岩平衡拱是否出现,是围岩侧压力深度分布曲线拐点位置的关键影响因素。因此,有必要分析竖井的尺寸对围岩侧压力拐点位置的影响。

前述模型试验分析设定的基本模型,因为时间、周期等原因没办法全部开

113

展模型试验分析尺寸影响,所以本书采用数值试验,基于控制变量法,假定围岩参数不变,施工步开挖尺寸不变,应力、位移边界条件不变,仅改变竖井截面的长和高,分析出尺寸对围岩侧压力拐点位置的影响。

5.2.1　竖井横截面长度对拐点位置的影响

基于控制变量法,假定围岩参数不变,施工步开挖尺寸不变,应力、位移边界条件不变,竖井的深度不变,竖井横截面的宽不变,仅改变竖井横截面的长度,从而分析横截面长度对围岩侧压力拐点位置的影响。本书针对常见的竖井截面尺寸,选择长度:10 m、20 m、30 m(原始长度)、40 m、50 m、60 m,并以横截面长边中间点位作为对比位置,分析围压侧压力深度曲线的差异。详细的围岩侧压力-深度曲线如图5.3所示。

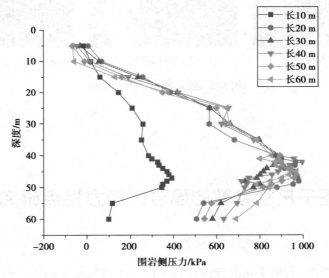

图5.3　以长度为变量的围岩侧压力对比曲线

统计以长度为变量的围岩侧压力-深度曲线,并且在深度40~50 m内放大作图精度,便于拐点位置的对比,进而作出如图5.3所示的围岩侧压力曲线,分析得到以下结论:

（1）围岩侧压力分布曲线规律

通过对比曲线可以明显发现,在长度 20~60 m 内,围岩侧压力最大值较为趋近,整体曲线分布规律相似。但是在长度为 10 m 的竖井围岩侧压力分布曲线中,围岩侧压力的最大值明显小于其他的长度范围,整体分布曲线小于其他长度分布曲线。

解释该现象的内部机理,正如前述章节中描述的竖井空间约束效应,当边长较小时,竖井开挖支护内部的挤压效应明显,约束围岩的变形,进而抑制围岩侧压力的增加。

（2）拐点位置分析

虽然各个长度变量下,围岩侧压力最大值有一定的差距,但是围岩侧压力分布曲线类似,且拐点位置差距较小,分布位置都在 42~48 m 内（表 5.4）。对比表中数据,随着长高比变化,拐点位置没有明显的变化。通过分析得到:竖井横截面的长度、整体尺寸的长高比对围岩侧压力拐点位置影响极小。

表 5.4　以长度为变量的拐点位置统计表

横截面长/m	竖井深/m	长深比 L/H	拐点位置/m
10	60	0.166 667	47
20	60	0.333 333	48
30	60	0.5	42
40	60	0.666 667	42
50	60	0.833 333	46
60	60	1	45

5.2.2　竖井深度对拐点位置的影响

基于控制变量法,假定围岩参数不变,施工步开挖尺寸不变,应力、位移边界条件不变,竖井横截面的长、宽不变,仅改变竖井的深度,从而分析竖井深度对围岩侧压力拐点位置的影响。本书针对常见的竖井尺寸,选择深度分别为40 m、60 m(原始长度)、80 m、100 m、120 m、140 m,并以横截面长边中间点位作为对比位置,分析围压侧压力深度曲线的差异。详细的围岩侧压力-深度曲线如图5.4所示。

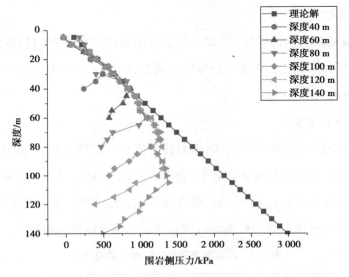

图5.4　以深度为变量的围岩侧压力对比曲线

统计以深度为变量的围岩侧压力-深度曲线,并且计算每个深度对应的围岩侧压力理论解,进而作出如图5.4所示的围岩侧压力分布曲线,分析各个深度变量下的围岩侧压力,得到以下结论:

(1)围岩侧压力分布曲线规律

对比6组深度条件下的围岩侧压力分布曲线,可以观察得到:在竖井的上部位置,都处于线性增加的状态,求得结果与理论值较吻合。但随着深度的增加,围岩侧压力增加的速率放缓,处于非线性增加状态,直至临界拐点处,围岩侧压力停止增加。过了该拐点,各种深度的围岩侧压力均大幅下降,与理论解差距较大。这种现象与前述基于极限平衡拱理论分析得到的结果相吻合,再一次证明了理论推导的正确性。

（2）拐点位置分析

根据表 5.5 的数据和对图 5.4 的直接观察,可以分析得到:围岩侧压力的拐点位置随着竖井深度的增加逐渐增加,该现象较为明显。前述已经分析,长宽比对拐点位置的影响极小。总结得到:围岩侧压力拐点受竖井深度的影响较大,且随着深度增加,拐点位置下沉。详细的关系分析,见后文敏感性分析和神经网络分析。

表 5.5　深度变量下拐点位置统计表

横截面长/m	竖井深/m	拐点位置/m
30	40	27
30	60	42
30	80	62
30	100	78
30	120	91
30	140	106

5.3　基于围岩参数的围岩侧压力拐点研究

围岩参数是影响岩体应力状态的直接因素,它会对平衡拱出现的位置以及拐点出现的位置产生重要的影响。研究围岩侧压力的拐点、围岩参数变量下的分析是不可缺少的部分。在常见的山岭竖井、城市轨道交通竖井中,围岩级别通常是Ⅳ级围岩和Ⅲ级围岩。所以本书研究围岩参数变化范围控制在Ⅳ级和Ⅲ级围岩参数之间。详细的Ⅳ级和Ⅲ级围岩参数见前述表 2.1。

5.3.1　围岩内摩擦角对拐点位置的影响

基于控制变量法,在保持其他基本条件不变的情况下,以内摩擦角作为自变量,分别设置内摩擦角 φ 为 32°、34°、36°、38°、40°、42°这 6 种情况,利用数值模拟软件进行三维计算,选取横截面长边中间点位作为对比位置,求得结果如图 5.5 所示。

根据分布曲线分析围岩侧压力的变化规律以及拐点出现位置,得到以下结论:

(1)围岩侧压力分布曲线规律

对比 6 组曲线,可以分析得到:随着内摩擦角的增大,围岩侧压力减少趋势明显。分析其内在机理:在围岩侧压力的分析中,无论采用哪种分析理论,内摩擦角都是影响岩体滑动产生围岩侧压力的重要因素。尤其在松散体荷载理论中,围岩侧压力通常是竖直压力乘以水平压力系数。

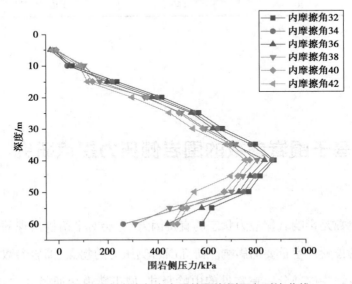

图 5.5　以内摩擦角为变量的围岩侧压力对比曲线

$$\sigma_x = \gamma z K_a \tag{5.2}$$

而水平压力系数 K_a 与内摩擦角密切相关,如前述验证模型试验所采用的库伦土压力理论。此处利用该理论并结合 MATLAB 分析软件,求得侧压力系数随内摩擦角的变化趋势为

$$K_a = \frac{\cos^2(\varphi - \varepsilon)}{\cos^2\varepsilon \cos(\varepsilon + \delta)\left[1 + \sqrt{\dfrac{\sin(\varphi + \delta)\sin(\varphi - \beta)}{\cos(\varepsilon + \delta)\cos(\varepsilon - \beta)}}\right]^2} \tag{5.3}$$

根据图 5.6 可知:随着内摩擦角的增大,围岩侧压力系数下降明显,求得的围岩侧压力也会下降。这证明了数值模型试验产生数据的合理性。

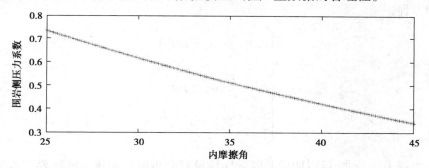

图 5.6　内摩擦角与围岩侧压力系数 K 关系曲线

(2)拐点位置分析

根据表 5.6 围岩侧压力拐点位置统计情况,可以分析得出:内摩擦角 32° ~ 42°内,拐点位置全部出现在 42 m,可以分析得到以下结论:内摩擦角对拐点位置的影响约等于 0。而在实际的工程设计中,也可以忽略内摩擦角对拐点出现位置的影响作用。

表 5.6　内摩擦角变量下拐点位置统计表

内摩擦角/(°)	32	34	36	38	40	42
位置/m	42	42	42	42	42	42

5.3.2　围岩弹性模量对拐点位置的影响

在边坡侧压力的研究中,围岩侧压力大小与岩体位移密切相关。而在弹性

力学的物理力学方程中,岩体内部的应力与位移、应变是直接对应的。

几何位移方程:

$$\begin{cases} \varepsilon_x = \dfrac{\partial u}{\partial x} \\[3mm] \varepsilon_y = \dfrac{\partial \nu}{\partial y} \\[3mm] \gamma_{xy} = \dfrac{\partial \nu}{\partial x} + \dfrac{\partial u}{\partial y} \end{cases} \tag{5.4}$$

物理方程:

$$\begin{cases} \varepsilon_x = \dfrac{1}{E}(\sigma_x - \mu\sigma_y) \\[3mm] \varepsilon_y = \dfrac{1}{E}(\sigma_y - \mu\sigma_x) \\[3mm] \gamma_{xy} = \dfrac{2(1+\mu)}{E}\tau_{xy} \end{cases} \tag{5.5}$$

根据上述公式,可以明确判断弹性模量对分析围岩侧压力的重要。本书基于控制变量法,在保持其他基本条件不变的情况下,以岩体弹性模量作为自变量,分别设置弹性模量 E 为 2.38、3、3.6、4.2、4.8、5.8 MPa 这 6 种情况。利用数值模拟软件进行三维计算,选取横截面长边中间点位作为对比位置,求得结果如图 5.7 所示。

根据分布曲线,分析围岩侧压力的变化规律以及拐点出现位置得到以下结论:

(1)围岩侧压力分布曲线规律

对比 6 组弹性模量下的围岩侧压力分布曲线,可以分析得到:①围岩侧压力分布曲线的基本规律相同,都出现了侧压力拐点。②弹性模量增加,围岩侧压力明显减少。

分析该现象的内在机理:弹性模量增加,同等开挖条件下,岩体内部的能量消耗越大,岩体发生滑动的位移减少。同时按照滑动楔体静力平衡条件,作用

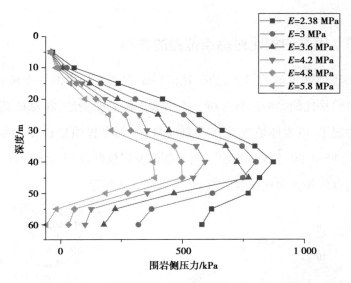

图5.7　弹性模量变量下围岩侧压力对比曲线

在支护面上的围岩侧压力就会更多地被岩体的挤压作用抵消,由此岩体的侧压力减少。从另一个角度分析,围岩的质量越好,岩体受到扰动之后,发生滑动的可能性更小。在实际的支护中,质量好的围岩支护的作用更小,甚至是利用围岩体的自稳定作用放弃支护。

(2)拐点位置分析

由表5.7可知:随着弹性模量的增大,拐点位置整体趋势沿着竖井向下且变化较为明显,仅在弹性模量 $E=4.2$ MPa 处出现了规律的偏差,可以将其视为数值模拟的内部误差导致。随着弹性模型增大,围岩侧压力的拐点位置沿着竖井向下。

表5.7　弹性模量变量下拐点位置统计表

弹性模量/MPa	2.38	3	3.6	4.2	4.8	5.8
位置/m	42	44	45	44	46	48

5.3.3　围岩泊松比对拐点位置的影响

正如前述弹性模量的描述,泊松比同样是物理方程中的一个重要参数,这里有必要对泊松比的影响进行分析。本书基于控制变量法,在保持其他基本条件不变的情况下,以岩体泊松比作为自变量,分别设置泊松比 μ 为 0.34、0.3、0.25、0.2、0.15、0.09 这 6 种情况。利用数值模拟软件进行三维计算,选取横截面长边中间点位作为对比位置,求得结果如图 5.8 所示。

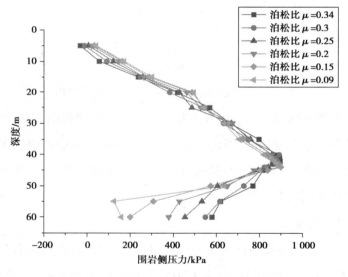

图 5.8　泊松比变量下围岩侧压力对比曲线

根据分布曲线,分析围岩侧压力的变化规律以及拐点出现位置得到以下结论:

(1)围岩侧压力分布曲线规律

对比 6 组围岩侧压力的分布曲线,围岩侧压力均较为接近,且分布曲线的规律基本相同,可以判断,泊松比对围岩侧压力的大小影响较小。

(2)拐点位置分析

由表 5.8 可知:泊松比增大,围岩侧压力的拐点位置整体趋势下行。仅在

泊松比 μ 为 0.3 处出现了趋势的变化,但整体趋势还是比较明显。泊松比增大,拐点位置下行的规律与弹性模量完全相同,这也符合弹性力学物理方程中的弹性模量、泊松比相同的单调性。这点证明,两者求解的结果具有一定的准确性。

表 5.8   泊松比变量下拐点位置统计表

泊松比 μ	0.34	0.3	0.25	0.2	0.15	0.09
位置/m	42	40	42	41	40	40

5.4 基于敏感性分析的围岩侧压力拐点位置研究

5.4.1 引言

通过前述的模型试验分析、数值模拟求解可知,在深竖井模型中,围岩侧压力并非如同松散荷载理论描述的一直线性增加,而是到了一定的深度后,围岩侧压力的深度曲线出现了拐点。拐点之下,竖井围岩的侧压力将不会增加甚至是减少。研究竖井围岩侧压力的深度分布规律,分析竖井围岩压力突变点出现的位置具有重要的意义。

在岩土工程的研究分析中,数值模拟软件分析的方法已经相当成熟。利用数值模拟软件,可以分析得到在不同参数条件下,围岩力学特性的计算结果。即在基本模型确定的情况下,模型相关参数的选取对计算结果有着重大影响。

前述章节中就是利用这样的数值模拟方法,研究了竖井尺寸、摩擦角、弹性模量、泊松比变化下,竖井围岩侧压力拐点的变化情况。同时,本书还采用了模型试验,研究了某一固定参数条件下的竖井模型围岩侧压力的拐点位置,但是对于研究规律而言,无论是数值试验还是模型试验,研究的量依然是不足的。同时,只是针对单一变量进行分析,并没有揭示物理现象内部的参数本质影响。而且,通常分析岩土力学系统的时候,其结果受到围岩模型非均质性、节理、结构面、裂隙、结构效应等因素影响。因此,有必要对影响竖井围岩侧压力拐点位置的各个因素进行敏感性分析,从而找出真正敏感的因素,便于后续章节中求解竖井围岩侧压力拐点位置。

5.4.2 敏感性分析原理

敏感性分析是系统分析中分析系统稳定性的一种方法,在岩土工程的研究中,有前人使用过这种方法。利用敏感性分析,可以对理论分析统筹安排,并判断岩土力学现象中的最敏感参数。在本章中,为了研究竖井围岩侧压力的拐点位置的影响因素,利用敏感性分析,将相关参数对拐点位置的影响等价转化为数值变化,来达到对力学现象影响因子的量化分析。这种方法,直观且方便,可以有效地分析竖井围岩侧压力拐点位置的主要影响因素。

根据敏感性分析方法,现设有一系统,其系统的特性 A 主要由 n 个因素 $\phi = \{\phi_1, \phi_2, \phi_3, \cdots, \phi_n\}$ 所决定,即 $A = f(\phi_1, \phi_2, \phi_3, \cdots, \phi_n)$。当系统处于一定的状态下时,即 $\phi^* = \{\phi_1^*, \phi_2^*, \phi_3^*, \cdots, \phi_n^*\}$,系统特性为 A^*。基于此,再令各个考察因素在一定的范围内变动。分析这些因素的变化幅度,造成系统特性 A 偏离基准状态 A^* 的趋势和程度。这种分析方法,即为敏感性分析。

基于本书的求解,详细的敏感性分析步骤如下:

第一步,建立系统模型,即系统特性与因素之间形成了函数关系。在前面小节中,主要分析了竖井的长、深、摩擦角、弹性模量、泊松比参数对拐点位置的影响,其中竖井的长、内摩擦角对拐点位置的影响经过数值计算分析,可忽略不计,此处建立的函数关系为

$$A = f(H, E, \mu) \tag{5.6}$$

这样的函数关系通常情况是具体的数值关系式的表示,但在书中,由于涉及的为一个新的概念,现阶段并没有详细的函数关系式对该现象进行表述。故本书建立了相应的数值模型对竖井围岩侧压力的拐点位置进行表述,用于完成后续的步骤。

第二步,基准参数进行变化范围的选择。本书根据实际的工程项目,设定变化因素 ϕ 可能出现的范围,基于基准状态,进行正负20%的数值变化,即选择 -20%、-10%、10%、20% 作为因素变化的范围。但在本书中,由于分析的实际工程,倘若假定实际不可能出现的参数也是无意义的,因此本节沿用前文中的参数取值,对参数的敏感性进行分析。

第三步,基于控制变量的数值方法求解。基准参数的变化范围确定后,为分析某一参数 $\phi_i(i=1,2,3,\cdots,n)$ 对系统特性 A 的影响,令其他的参数都保持基准数值不变,而 ϕ_i 在第二步设定的范围内变化,这时所求解的系统特性值即为参数 ϕ_i 的变化函数值,表示为

$$A = f(\phi_i) = f(\phi_1^*, \phi_2^*, \cdots, \phi_i, \cdots, \varphi_n^*) \tag{5.7}$$

第四步,求解敏感性因子。将前述步骤中求得的系统特性值与系统基准数值进行对比,并利用函数判断敏感性因子的敏感性。若 ϕ_i 的微小变化引起系统特性值 A 的较大变化,表明系统对参数 ϕ_i 敏感,此时 ϕ_i 就是高敏感性因素;同理,若 ϕ_i 的较大变化引起系统特性值 A 的微小变化,表明系统对参数 ϕ_i 不敏感,此时 ϕ_i 就是低敏感性因素。为了更好地判断,利用函数最终值的变化率与参数变化率相除求解变化率绝对值为

$$B = \frac{f(\phi_1^*, \phi_2^*, \cdots, \phi_i, \cdots, \phi_n^*)}{\phi_{i1} f(\phi_1^*, \phi_2^*, \cdots, \phi_i^*, \cdots, \phi_n^*)} \tag{5.8}$$

式中　B——变化率绝对值;

　　　ϕ_i——第 i 个参数的变化率。

以上列出了求解变化率绝对值 B。求得结果之后,需要对结果进行指标判断,分析出相应的敏感性因素。现定义参数变化的计算结果变化率绝对值超过

20%,定义为极高敏感性参数;计算结果变化率绝对值为 10% ~20%,定义为高敏感性参数;计算结果变化率绝对值为 5% ~10%,定义为中敏感性参数;计算结果变化率绝对值为 1% ~5%,定义为低敏感性参数;计算结果变化率绝对值小于 1%,定义为不敏感参数。详细的参数敏感度定义见表 5.9。

表 5.9　参数敏感度定义

参数变化率	ϕ_{i1}	ϕ_{i2}	ϕ_{i3}	ϕ_{i4}	ϕ_{i5}
变化率绝对值 B	$B \geqslant 20\%$	$20\% > B \geqslant 10\%$	$10\% > B \geqslant 5\%$	$5\% > B \geqslant 1\%$	$1\% > B$
参数敏感度	极高	高	中	低	不敏感
参数重要性	主要参数			次要参数	

5.4.3　敏感性参数分析

利用前述的求解步骤,针对自变量 E、μ、H 进行敏感性分析,列出基准参数集表格(表 5.10),便于后续的敏感性分析。

表 5.10　基准参数集

深度 H^*/m	弹性模量 E^*/MPa	泊松比 μ^*	拐点位置 h^*/m
60	2.38	0.34	42

根据上述的基准参数集,计算各个参数对拐点位置的影响,计算结果见表 5.11。

表 5.11　参数对拐点位置影响结果表

深度 H/m	拐点位置 /m	变化率绝对值 B	弹性模量 /MPa	拐点位置 /m	变化率绝对值 B	泊松比 μ	拐点位置/m	变化率绝对值 B
40	27	1.07	3	44	0.18	0.3	40	0.40
80	62	1.43	3.6	45	0.14	0.25	42	0.00
100	78	1.29	4.2	44	0.06	0.2	41	0.06

续表

深度 H/m	拐点位置 /m	变化率绝 对值 B	弹性模量 /MPa	拐点位置 /m	变化率绝 对值 B	泊松比 μ	拐点位 置/m	变化率 绝对值 B
120	91	1.17	4.8	46	0.09	0.15	40	0.09
140	106	1.14	5.8	48	0.10	0.09	40	0.06

　　分析表中所列的数据,深度变化率绝对值比较稳定,都处于单位1以上,弹性模量和泊松比的变化率绝对值跳跃性比较强。分析弹性模量的变化趋势,$E=3.6$ MPa 点位的拐点位置明显不符合基本趋势,可以排除该点位,判断弹性模量参数的变化率绝对值基本在 $10\% > B \geqslant 5\%$ 范围内。同理,分析泊松比的变化趋势,$\mu=0.3$ 点位的拐点位置明显不符合基本趋势,可以排除该点位,判断泊松比参数的变化率绝对值基本在 $10\% > B \geqslant 5\%$ 范围内。

　　综上,分析围岩侧压力、拐点的位置、竖井深度、泊松比、弹性模量都是主要的敏感参数,其中,深度是敏感性极高的主要参数,泊松比、弹性模量是敏感性中等的主要参数。

5.5　围岩侧压力拐点位置预测

5.5.1　BP 神经网络模型简介

　　人工神经网络计算始于 1940 年,在土木工程行业中的运用要推迟到 1980 年之后。人工神经具有良好的自学习适应能力、非线性映射能力和并行信息处理能力,它为未知的不确定及非线性系统建模提供了一条新的思路。

统计最近神经网络算法在土木工程中的应用可知,大量的研究都采用 BP 神经网络算法。本书采用 BP 神经网络算法对围岩侧压力的拐点位置进行预测分析是有理论基础的。BP 神经网络通过不断的学习训练,将目标输出值和实际输出值进行比较,将比较结果或者误差按照相应的算法对各个连接神经元之间的权值和阈值进行调节,进而使得误差随着系统不断的学习训练逐渐减小,直至达到系统设定的目标值。通常情况下,BP 神经网络模型包含输入层、隐含层和输出层,如图 5.9 所示。

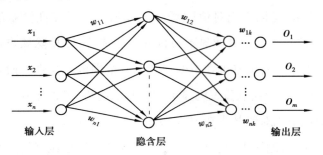

图 5.9　BP 神经网络的拓扑关系

5.5.2　BP 神经网络模型搭建

利用神经网络预测模型,基于 GTS 数值模型试验计算,求得关于 E、μ、H 这 3 个参数的 30 组拐点位置数据,训练输入样本就是 3×16 的矩阵。利用该数据搭建神经网络模型的输入样本。具体的操作步骤如下:

首先,对神经网络的训练输入样本 P 和输出样本 T 利用 premnmx 函数开展归一化处理,利用该函数可以提高训练精度,还可以加快网络训练速度。

其次,调用神经网络工具箱中的函数"newff"创建一个可训练的前馈神经网络。其中,选用"tansig"对称型 S 函数作为输出层到隐含层的传递函数,"purelin"线性函数作为隐含层到输出层的传递函数,"trainlm"函数作为权值调整函数,它是一种带有动量的梯度下降法。

最后,用 postmnmx 函数对利用训练好的 BP 神经网络预测出的数据进行反归

一化处理,从而求解出拐点位置的预测值。MATLAB 运用到的关键语句如下:

语句一:[p1, minp, maxp, t1, mint, maxt] = premnmx (P, T);

该语句的作用是将所有的参数进行归一化处理,便于提高训练精度,加快训练速度。

语句二:net = newff (minmax (P), [3, layer, 1], {' tansig', ' tansig', ' purelin'}, ' trainlm');

该语句的作用是创建可训练的神经网络,它需要输入 3 个参数,本书选用 'trainlm' 函数作为训练函数。

语句三:net. Train Param. epochs = 5 000 000;

该语句的作用是设置训练次数。

语句四:net. trainParam. goal = 0.000 000 000 1;

该语句的作用是设置网络训练的收敛误差。

语句五:[net,tr] = train(net,p1,t1);

该语句的作用是根据设定好参数的前馈神经网络 net,利用训练输入样本 P 和期望输出样本 T 进行训练。返回值 net 是经过训练得到的前馈神经网络,tr 是神经网络训练的记录。

语句六:InputValue = [60,2.380 000 000 000 00,0.090 000 000 000 000 0]';

该语句的作用是输入预测参数。在前述的代码中,完成了训练模型的搭建,此处根据实际的需求,输入 E、μ、H 这 3 个参数的真实值。

语句七:OutputValue = sim(net,InputValue);

该语句的作用是根据输入样本的参数真实值,利用训练好的前馈神经网络 net,输出拐点位置的预测值。至此,整个神经网络训练预测过程结束,模型搭建完毕。

5.5.3　基于 BP 神经网络的围岩侧压力拐点预测

神经网络流程图如图 5.10 所示,采用的神经网络训练示意图如图 5.11 所示。

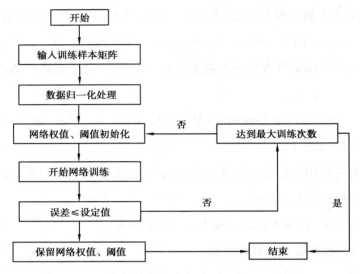

图 5.10　神经网络流程图

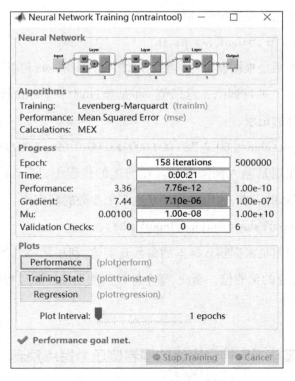

图 5.11　BP 神经网络模型训练示意图

如图 5.12 所示,神经网络通过训练迭代 2 225 次之后,样本计算误差减少到设置的收敛误差之下,停止计算。至此,神经网络模型训练完毕,可以用于拐点位置预测。

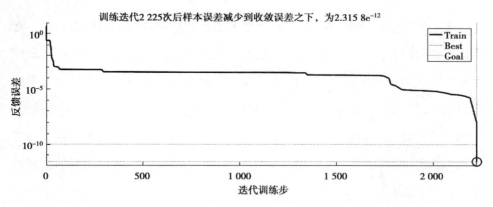

图 5.12　BP 神经网络训练误差示意图

利用训练完毕的神经网络模型,选取了几组参数进行预测分析,并与 GTS 数值模拟结果进行对比,对比结果见表 5.12。

表 5.12　神经网络预测值与数值模拟值对比

H/m	E/MPa	μ	数值模拟值/m	神经网络预测值/m	相对误差
50	2.38	0.34	34	38.023 9	0.105 8
40	5.8	0.34	29	32.472 8	0.106 9
150	2.38	0.09	111	102.014 3	0.090 3
30	5.8	0.13	18	21.238	0.152 5
100	3	0.2	80	83.429 3	0.041 1

根据表 5.12 可知,神经网络模型预测值与数值试验模拟值差距基本控制在 10% 左右,且预测值均呈现出大于数值模拟值的现象。本书所搭建的神经网络预测模型在实际的工程分析拐点位置中,趋于安全的同时具有一定的准确

性,为今后的竖井围岩侧压力设计工作提供了理论分析参考。

5.5.4　基于 BP 神经网络预测模型的拐点公式拟合

前述小节中利用 BP 神经网络,完成了关于拐点位置预测的模型搭建。运用该模型可以预测任何围岩条件下的拐点位置。但是对实际的工程项目,利用神经网络模型预测拐点位置操作复杂且时间成本高。在城市轨道交通竖井建设过程中,经常会造成交通拥堵和周围吵闹等问题,在这样的特殊工况条件下,工期至关重要,运用 BP 神经网络预测不利于工程项目的施工进度。基于该神经网络预测模型,选取城市轨道交通深竖井常见围岩级别,求得围岩的拐点位置拟合公式,为今后的设计施工提供理论参考。

在敏感性分析的章节中,分析了各种参数的敏感性系数。最终得到在影响围岩侧压力拐点位置的所有参数中,竖井的深度为主要极度敏感系数,其他参数的敏感性都远小于竖井深度的影响性。基于此,本书为了工程实际的方便,采用竖井深度作为拟合经验公式的唯一参数是合理的。构建的拐点位置函数关系式为

$$h = aH^b \qquad (5.9)$$

式中　h——拐点出现的深度位置;

　　　a、b——函数关系式的基本参数;

　　　H——竖井的深度。

现有的城市轨道交通的竖井中,常见围岩级别为Ⅲ、Ⅳ、Ⅴ 3 个级别,查询这 3 个级别的围岩参数,见表 5.13,将这 3 个围岩级别的参数输入神经网络预测模型中,求得各个围岩级别下,竖井深度为变量时,围岩侧压力拐点位置的数据。

表 5.13　围岩侧压力拐点位置预测表

竖井深度/m	Ⅲ级围岩	Ⅳ级围岩	Ⅴ级围岩
40	30	27	25
45	34	31	28
50	38	36	33
55	42	40	37
60	49	42	39
65	54	48	44
70	56	51	48
75	64	58	57
80	69	62	61
85	73	69	66
90	75	74	70
95	80	77	74
100	83	78	76
105	87	80	79
110	89	83	81
115	94	89	85
120	96	91	88
125	101	98	92
130	105	101	95
135	109	105	99
140	112	106	102

　　求得各个围岩级别下不同深度的围岩侧压力拐点位置,将数据输入 origin 拟合曲线中,以公式 $h=aH^b$ 为基础公式对预测数据进行拟合,最终形成 3 种围岩条件下的拐点位置计算公式。

　　Ⅲ级围岩侧压力拐点位置计算公式:

$$h = 0.83H^{0.95}$$

$$(5.10)$$

Ⅳ级围岩侧压力拐点位置计算公式：

$$h = 0.65H^{1.05} \tag{5.11}$$

Ⅴ级围岩侧压力拐点位置计算公式：

$$h = 0.53H^{1.15} \tag{5.12}$$

5.6 本章小结

本章首先搭建了数值软件模型,利用数值试验分析了竖井尺寸参数、围岩的参数对拐点位置的影响;然后利用敏感性分析法,分析了各个参数对拐点位置的影响程度;最后利用 BP 神经网络和非线性公式拟合的方法预测了拐点出现的位置。主要结论如下:

①竖井横截面尺寸较小时,围岩侧压力在空间约束效应作用下,明显小于大尺寸的竖井,但是竖井的水平截面尺寸对拐点位置的影响可以忽略不计。竖井的深度不断增加,围岩侧压力沿着深度的分布规律基本不变,但是拐点位置会出现随着深度增加不断下沉的现象。

②在竖井围岩侧压力分布曲线中,随着内摩擦角不断增大,围岩侧压力的数值将会减少,但是分布曲线的拐点位置将会保持不变。竖井围岩的弹性模量增大,围岩侧压力明显减少,拐点位置出现下沉的趋势。竖井围岩泊松比与围岩侧压力的大小不成函数关系,但是拐点位置上,由于泊松比与弹性模量在弹性物理方程中具有相同的单调性,因此出现泊松比增加,拐点位置也出现下沉的现象。

③利用敏感性分析法,对竖井深度、围岩弹性模量、泊松比进行了分析,求解得到:竖井深度参数为主要极高敏感性参数,围岩弹性模量参数和泊松比参

数均为主要中等敏感性参数。

④利用 MATLAB 内置函数,以及 BP 神经网络模型,以 GTS 为样本数据输出载体,搭建了关于预测拐点位置的预测模型,并利用神经网络预测模型与 GTS 进行了对比,最终发现预测值与模拟值的误差控制在 10% 以内。搭建的神经网络模型具有一定的准确性,为今后的围岩侧压力拐点位置分析提供参考。

⑤基于敏感性分析,选择竖井深度为拐点位置求解的自变量,利用预测模型,预测 3 种围岩条件下,各个深度的围岩侧压力拐点位置,并将该位置数据利用 origin 非线性拟合,求得Ⅲ、Ⅳ、Ⅴ 3 种级别的围岩侧压力拐点位置计算公式。

Ⅲ级围岩侧压力拐点位置计算公式:
$$h = 0.83H^{0.95}$$
Ⅳ级围岩侧压力拐点位置计算公式:
$$h = 0.65H^{1.05}$$
Ⅴ级围岩侧压力拐点位置计算公式:
$$h = 0.53H^{1.15}$$

6 岩石地层深竖井设计理论及变形研究

6.1 竖井侧压力计算理论

　　竖井作为城市轨道交通工程建设中的一种辅助性结构设施,是地铁施工过程中与外界沟通的主要通道,根据实际工程需要它可以用作临时结构或永久结构。随着城市地铁线路的不断发展和重叠,竖井的深度将越来越大。竖井常见的截面形状为圆竖井和矩形竖井,圆形竖井常用于山岭地区的公路隧道或者铁路隧道,其截面积较小而深度较大;而城市地区轨道交通竖井的截面形式通常为矩形,截面积通常比圆形竖井的大,其围岩力学的各种性能都比较接近深基坑,也可称其为竖井基坑。竖井作为轨道交通线路上重要的辅助结构,对运营后的地铁具有不可忽视的作用,必须在保证竖井结构具有充分的安全性和可靠性的前提下进行竖井支护结构的设计,并兼顾考虑工程的经济性。

　　针对圆形竖井的理论计算已经较为成熟,地下空间工程中多采用形式简单、力学原理明确的圆孔扩张理论;针对方形竖井,其截面形状不如圆形受力均匀,圆形断面竖井在截面各个方向上分布的是均匀压力,而方形竖井不是,且在边角处存在应力集中及角部效应等问题,目前尚没有比较统一的计算理论,其支护结构设计多借鉴深基坑挡墙的相关计算理论。

进行竖井支护结构设计时,竖井的荷载应在充分考虑竖井结构的独特性之后进行选择。竖井作为一个竖直矩形或者圆柱形独立结构,从地表一直延伸到地下,大多数情况下,其深度都要大于截面尺寸。进行竖井设计时通常需要考虑的荷载包括地层压力,水压力,地面建筑或者地下邻近结构的不对称荷载,施工阶段荷载如盾构机和其他机械设备、材料堆载等。

6.1.1 松散体理论

松散体理论也称普氏公式:

$$P = \gamma h \tan^2\left(45° - \frac{\varphi}{2}\right) \qquad (6.1)$$

式中 P—— 围岩水平压力,N/m^2;

γ—— 岩层平均容重,$\gamma = \dfrac{\sum \gamma_i h_i}{H}$;

γ_i—— 各层岩石容重;

h_i—— 各层岩石厚度;

H—— 计算点深度;

φ——岩层平均内摩擦角。

松散体理论公式中围岩水平压力与深度呈线性关系,随着深度的增加,围岩压力逐渐增大,地层深度各处的围岩压力求解没有充分考虑该处岩石的力学性质,如对岩层力学性能较好、岩质坚硬的围岩水平压力,理论计算结果仍然很大,与实际情况不符。松散体理论针对岩层比较松散、力学性能较差、计算深度不大(如冲积层、黏土层等)的情况,是比较适用的。

6.1.2 修正松散体理论

修正松散体理论是秦巴列维奇在普氏公式基础上发展起来的,也称为秦巴列维奇公式(式6.2)。该理论认为在竖井井壁周围围岩会形成滑动三棱柱体,围岩的竖向荷载通过滑动三棱柱体向下传递。

$$P_n = \gamma_n(h_n + h_0)\tan^2\left[45° - \frac{\varphi_n}{2}\right]$$ (6.2)

式中　P_n——第 n 层岩石围岩水平压力,N/m^2;

　　　γ_n——第 n 层岩石容重;

　　　h_n——第 n 层岩石厚度;

　　　h_0——第 n 层以上各层岩石对第 n 层岩石容重换算高度;

$$h_0 = \frac{\gamma_1}{\gamma_n}h_1 + \frac{\gamma_2}{\gamma_n}h_2 + \cdots + \frac{\gamma_{n-1}}{\gamma_n}h_{n-1}$$ (6.3)

　　　φ_n——第 n 层岩石内摩擦角。

式(6.2)主要适用于水平岩层。针对倾斜岩层围岩水平压力,秦氏理论研究认为倾斜方向压力要大于走向方向压力,而其他方向压力则位于这两者之间。针对倾斜岩层围岩水平压力求解,秦氏理论采用的是在水平岩层求解结果的基础上乘以一个不均匀侧压系数 ω,ω 的取值视具体情况而定,即

$$P_n = \omega\gamma_n(h_n + h_0)\tan^2\left(45° - \frac{\varphi_n}{2}\right)$$ (6.4)

进行围岩压力求解时,秦氏理论在松散体理论基础上考虑了岩层的分布情况,但是对岩质坚硬的围岩或存在软弱岩层的情况,其围岩压力计算值仍然与实际情况有一定出入。

秦氏理论认为,滑动三棱柱体的出现是基于竖井井壁围岩破坏已经发生,进而产生围岩压力;在井周岩层没有破坏的地方,滑动三棱柱体不会形成,也不会对井壁造成围岩压力,更不随已经形成的滑动三棱柱体一起向下滑动,还能起到阻止上部岩层向下传导的作用。秦氏理论研究认为,竖井井壁围岩的切向

压应力大于其单向抗压强度时,围岩便会发生破坏,其计算公式为

$$\sigma_p = \frac{2\mu}{1-\mu}\gamma H > R'_\gamma \tag{6.5}$$

式中 σ_p——围岩切向压应力;

      μ——岩石泊松比;

      γ——上覆岩层加权平均容重;

      R'_γ——岩石单向抗压强度。

对井壁周围已经破坏的岩石,按挡土墙土压力公式进行围岩压力的计算。

6.1.3 圆筒形挡土墙土压力理论

对断面形状为圆形的竖井,别列赞采夫于 1952 年提出了圆筒形竖井主动土压力求解问题的空间解析解:

$$P = \gamma R_0 \frac{\tan\left(45° - \frac{\varphi}{2}\right)}{\lambda - 1}\left[1 - \left(\frac{R_0}{R_h}\right)^{\lambda-1}\right] + q\left(\frac{R_0}{R_h}\right)^\lambda \tan\left(45° - \frac{\varphi}{2}\right) +$$

$$c\tan\varphi\left[\left(\frac{R_0}{R_h}\right)^\lambda \tan^2\left(45° - \frac{\varphi}{2}\right) - 1\right] \tag{6.6}$$

当黏聚力 $c = 0$,地表荷载 $q = 0$ 时,可以得到

$$P = \gamma R_0 \frac{\tan\left(45° - \frac{\varphi}{2}\right)}{\lambda - 1}\left[1 - \left(\frac{R_0}{R_h}\right)^{\lambda-1}\right] \tag{6.7}$$

式中 q——地面均布荷载;

      R_0——竖井半径;

      R_h——土体滑移线与地面相交处水平坐标,$R_h = R_0 + H\tan(45° - \varphi/2)$;

      λ——简化系数,$\lambda = 2\tan\varphi\tan(45° - \varphi/2)$。

6.1.4 夹心墙地压理论

马英明从土力学中两刚性墙间的散体压力原理出发,计算得出井壁所受的

地压,这种理论称为"夹心墙土压力理论"。该理论的表达式为

$$P = \frac{\gamma R_0 - c}{\tan \varphi} \left[1 - \exp\left(-\frac{K_{\mathrm{p}} H \tan \varphi}{R_0} \right) \right] \tag{6.8}$$

式中　K_{p}——侧压力系数,$K_{\mathrm{p}} = \tan^2(45° - \varphi/2)$。

针对表土层含水丰富的情况,地压值的组成包括实际水压和悬浮土压,表土层地压计算公式为

$$P = \psi H_0 + \frac{\gamma' R_0 - c}{\tan \varphi} \left[1 - \exp\left(-\frac{K_{\mathrm{p}} H \tan \varphi}{R_0} \right) \right] \tag{6.9}$$

式中　ψ——水压折减系数,参考取值为 $0.8 \sim 0.9$;

　　　γ'——土层悬浮容重。

6.1.5　类重液理论

受钻孔泥浆护壁原理启发得到围岩水平地压与埋深的关系,《煤矿立井井筒及硐室设计规范》(GB 50384—2016)中采用类重液公式求解围岩水平压力。

$$P = kH \tag{6.10}$$

式中　k——围岩水平地压系数,各国参考取值有所不同,具体见表 6.1。

表 6.1　不同国家 k 参考取值

国家	k 值
中国	$0.01 \sim 0.013$
美国	0.014
德国	$0.016 \sim 0.018$
法国	0.02
日本	$0.011 \sim 0.012$
苏联	$0.012 \sim 0.016$
荷兰、波兰	0.013

6.1.6　非极限状态土压理论

采用朗肯土压力理论的前提条件是认为岩土体已经达到了极限状态,从而

进行围岩压力的求解。岩土体达到主动极限平衡状态时的位移量求出的即是主动土压力值,达到被动极限平衡状态时的位移量求出的即是被动土压力值。在实际工程中,绝大多数挡土墙的位移是处于主动极限平衡状态和被动极限平衡状态之间的,也就是说,求得的围岩压力是在主动土压力值和被动土压力值之间。竖井的开挖支护是分步进行的,位移是逐渐变化的一个动态过程,竖井围岩并不是一下子就达到极限状态,围岩作用于支护结构上的压力值也是随着竖井施工开挖位移量的逐步发展,而随之逐步变化。借助于大量现场实测值及理论公式推导,梅国雄等提出了考虑围岩变形位移的朗肯土压力公式:

$$P = \left(\frac{\dfrac{4\tan^2\left(45° + \dfrac{\varphi}{2}\right)}{1 - \sin\varphi'}- 4}{1 + e^{s\ln A/s_a}} - \frac{\dfrac{4\tan^2\left(45° + \dfrac{\varphi}{2}\right)}{1 - \sin\varphi'}- 8}{2} \right) \cdot \frac{(1 - \sin\varphi')\gamma h}{2}$$

(6.11)

$$A = \frac{\tan^2\left(45° + \dfrac{\varphi}{2}\right) - \tan^2\left(45° - \dfrac{\varphi}{2}\right)}{\tan^2\left(45° + \dfrac{\varphi}{2}\right) - 2(1 - \sin\varphi') + \tan^2\left(45° - \dfrac{\varphi}{2}\right)}$$

(6.12)

式中　φ——内摩擦角;

φ'——有效内摩擦角;

s_a——主动极限平衡状态的位移量;

s——计算点实际位移量。

6.2　竖井井壁结构设计

6.2.1　设计基本依据

竖井支护结构体系应在充分考虑其建设目的、地层情况、周围荷载以及施工条件后综合选定。竖井的形状与尺寸应当确保其内轮廓作为永久结构或临时结构的使用要求,且便于维护、管理及施工作业。竖井设计时涉及的两个基本任务包括:①确定竖井所在位置、截面形状和尺寸;②对比优选竖井支护形式和支护参数。归纳起来,进行竖井支护结构设计时主要考虑的因素包括:

①工程水文、地质条件。

②竖井基坑内外运输的联系方式,机械运输设备的类型、尺寸规格和数量等。

③竖井使用功能和使用年限等要求。

④工程周围环境对竖井相对位置的要求。

⑤建筑材料、设备的供应情况。

⑥竖井内的设备、线缆的规格尺寸、数量及架设要求等。

6.2.2　井壁结构设计模型

针对竖井工程的设计,从近几十年的从无到有并获得快速发展,积累了许多设计、施工经验。与国外相比,我国竖井支护结构的设计更加重视计算。此外,鉴于竖井结构设计的合理性受围岩工程水文地质条件的影响极大,而这类地勘资料在竖井开挖建设前又很难全面准确地掌握,因而施工现场的监控量测在国内竖井建设工程中普遍受到重视,并已初步形成成套信息化反馈设计的方法,用以弥补按照理论计算结果及经验类比进行设计的缺陷。地下工程设计模型是进行地下工程设计与分析的基础,目前竖井结构设计主要包括以下 4 种设计模型:

(1)经验类比模型

经验类比模型以已建成的类似工程为基础,结合实际经验通过比较分析直接确定拟建工程的支护型式和支护参数。经验类比模型包括直接类比法和间接类比法。

①直接类比法:全方位比较拟建工程与类似工程的水文地质条件、使用要

求、截面尺寸以及运营环境等,据此确定相应的支护措施和支护参数。

②间接类比法:类比基础是实际工程的围岩分类,从而给出支护结构设计依据。

(2)荷载结构模型

荷载结构模型以结构力学方法作为理论基础,认为围岩不具备自支承能力,围岩压力全部由支护结构承担且应保持稳定。荷载结构模型将地下结构简化为相应的建筑结构如墙、梁、柱体系等,从而展开支护结构在相应荷载作用下的内力、位移计算,并分析评价结构的稳定性。荷载结构模型主要包括弹性地基框架、弹性地基圆环等。

(3)地层结构模型

地层结构模型区别于荷载结构模型,认为围岩具有自支承能力,对支护结构产生荷载,能与支护结构一起共同承受荷载。该方法通常是将岩土体介质视为具有黏弹塑性的连续介质,采用解析法或数值法,依据平衡方程、几何方程、物理方程建立地下结构的偏微分方程(组),并使其满足应力边界条件和位移边界条件,求解该偏微分方程(组),从而求得围岩应力及其位移。

(4)收敛限制模型

收敛限制模型以弹-塑-黏性理论推导公式结果为基础,在坐标系平面内绘出以竖井围岩位移为横坐标、支护结构反力为纵坐标的井壁收敛线,表示地层受力变形特征,然后在同一坐标系平面内根据结构力学原理绘出支护限制线,表示支护结构受力变形特征。两条曲线的交点就是最佳支护位置,根据交点处支护抗力进行结构设计。当前收敛限制模型仅能以实际工程监控量测得到的围岩位移进行反馈设计和指导施工,其计算原理尚待进一步的研究。

6.2.3 井壁厚度计算

竖井支护结构的设计属于弹性理论空间问题,针对不同的竖井形式进行简化后依照弹性理论进行计算。竖井支护结构设计的主要内容是井壁厚度的确定。设计步骤首先是根据工程水文地质条件、截面尺寸形状、建筑结构材料和施工方案来初选衬砌厚度,然后进行竖井井壁的内力计算和稳定性验算,如果不能满足相关规范要求,则重新假定衬砌厚度再次进行试算,直至达到规范要求为止。井壁厚度试算方法主要包括以下 5 种:

①薄壁圆筒理论公式:

$$d = \frac{PR}{[\sigma_{\text{压}}]} \tag{6.13}$$

式中　d——井壁厚度,cm;

　　　R——竖井外半径,等于竖井内半径加井壁试算厚度;

　　　P——竖井计算截面处最大侧压力;

　　　$[\sigma_{\text{压}}]$——井壁材料允许抗压强度,$[\sigma_{\text{压}}] = R_a/K$;

　　　R_a——混凝土轴心抗压设计强度;

　　　K——安全系数。

②厚壁圆筒理论公式(拉麦公式):

$$d = r\left(\sqrt{\frac{[\sigma_{\text{压}}]}{[\sigma_{\text{压}}] - 2p}} - 1 \right) \tag{6.14}$$

式中　r——井筒内半径,cm。

③普氏经验公式:

$$d = 0.007\sqrt{DH} + 14 \tag{6.15}$$

式中　D——井筒内直径,cm;

　　　H——井筒计算截面处深度。

④普氏半经验公式:

$$d = \frac{Pr}{[\sigma_{\text{压}}] - P} + \frac{150}{[\sigma_{\text{压}}]} \tag{6.16}$$

⑤井壁围岩压力长期监测结果表明,围岩作用于井壁上的压力是非均匀分布的,根据井壁围岩压力极限值进行计算的公式如下:

$$d = k\left(\frac{P_{\max} - P_{\min}}{2}\right)\sqrt{\frac{[\sigma_n]}{[\sigma_n] - (3P_{\max} - P_{\min})} - 1} \qquad (6.17)$$

式中　$P_{\max}$——实测最大围岩压力；

　　　$P_{\min}$——实测最小围岩压力；

　　　$[\sigma_n]$——混凝土单轴抗压设计强度；

　　　k——安全系数。

6.3　**竖井围岩强度分析**

　　岩石地层深竖井井壁在使用过程中,由于所受外部荷载的作用,有可能会发生各种破坏,常见的有受拉破坏、受压破坏和受剪破坏。近年来国内外科研人员针对竖井井壁的非采动破坏,开展了一系列的研究工作,但是仍然存在若干问题值得科研人员进行深入研究,如竖井井壁发生破坏的机理、多因素影响下的井壁破坏问题、井壁破坏的预测与预防以及变形控制措施等问题。开展竖井井壁在使用过程中的受力变形特性分析,有利于进一步完善井壁基于非采动情况下的破坏机理,为竖井井壁的设计及井壁破坏预测预防与控制治理提供相应的参考依据。经综合考虑,将竖井井壁应力计算简化为半无限弹性体中圆孔孔边应力集中问题来进行分析,计算示意图如图 6.1 所示。

　　首先确定大圆周边应力情况,由

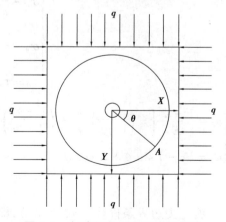

图6.1　危险断面受力分析示意图

于大圆直径比简化后的竖井小圆孔直径大得多,即 $b \gg a$,因此在大圆周边处,如 A 点的应力与没有中心小圆时相同,即 $\sigma_x = \sigma_y = q$,$\tau_{xy} = 0$。其次利用直角坐标与极坐标之间的坐标变换关系,即可求得大圆边界上的应力分量为:$\sigma_r = q$,$\tau_{r\theta} = 0$。

井壁应力计算属于弹性力学中的轴对称问题,故假设其应力函数仅是极半径 r 的函数,即

$$\varphi = \varphi(r) \tag{6.18}$$

代入相容方程可得

$$\left(\frac{\partial^2}{\partial r^2} + \frac{1}{r} \frac{\partial}{\partial r} + \frac{1}{r^2} \frac{\partial^2}{\partial \theta^2} \right)^2 \varphi = 0 \text{ 或}$$

$$\frac{\mathrm{d}^4 \varphi}{\mathrm{d} r^4} + \frac{2}{r} \frac{\mathrm{d}^3 \varphi}{\mathrm{d} r^3} - \frac{1}{r^2} \frac{\mathrm{d}^2 \varphi}{\mathrm{d} r^2} + \frac{1}{r^2} \frac{\mathrm{d} \varphi}{\mathrm{d} r} = 0$$

解得

$$\varphi = A \ln r + B r^2 \ln r + C r^2 + D \tag{6.19}$$

根据弹性力学空间轴对称理论,求解应力函数式,即可得竖井井壁围岩的应力分量和位移分量:

$$\begin{cases} \sigma_r = \dfrac{A}{r^2} + 2C \\[2mm] \sigma_\theta = -\dfrac{A}{r^2} + 2C \\[2mm] \tau_{r\theta} = \tau_{\theta r} = 0 \end{cases} \tag{6.20}$$

$$\begin{cases} u_r = \dfrac{1-u^2}{E} \left[-\left(\dfrac{1}{1-u} \right) \dfrac{A}{r} + \left(\dfrac{1-4u}{1-u} \right) Br + 2\left(\dfrac{1-2u}{1-u} \right) Cr \right] + I \cos \theta + K \sin \theta \\[3mm] u_r = Hr - I \sin \theta + K \cos \theta \end{cases} \tag{6.21}$$

将应力边界条件代入式(6.21),即外边界作用均布法向面力 q,内边界法向面力为零,代入式(6.20)中的第一式,得

$$\begin{cases} (\sigma_r)_{r=b} = \dfrac{A}{b^2} + 2C = -q \\[3mm] (\sigma_r)_{r=a} = \dfrac{A}{a^2} + 2C = 0 \end{cases} \qquad (6.22)$$

解方程组(6.22),可得

$$A = \frac{a^2 b^2 q}{b^2 - a^2}, \ 2C = \frac{-b^2 q}{b^2 - a^2} \qquad (6.23)$$

再代入式(6.20),解得围岩应力为

$$\sigma_r = -\frac{1 - \dfrac{a^2}{r^2}}{1 - \dfrac{a^2}{b^2}} q, \ \sigma_\theta = -\frac{1 + \dfrac{a^2}{r^2}}{1 - \dfrac{a^2}{b^2}} q, \ \tau_{r\theta} = \tau_{\theta r} = 0 \qquad (6.24)$$

由于 $b \gg a$,即 $\dfrac{a}{b} \approx 0$,代入式(6.24),可得

$$\sigma_r = q\left(1 - \frac{a^2}{r^2}\right), \ \sigma_\theta = q\left(1 + \frac{a^2}{r^2}\right), \ \tau_{r\theta} = \tau_{\theta r} = 0 \qquad (6.25)$$

应力分布规律如图 6.2 所示。对式(6.25)中的 q,可根据式(6.26)求得

$$q = \lambda \gamma H \qquad (6.26)$$

式中　λ——水平侧压力系数;

γ——上覆岩体平均容重。

此处的应力求解属于平面应变问题,故

$$\varepsilon_z = \frac{1}{E}[\sigma_z - u(\sigma_r + \sigma_\theta)] = 0 \quad (6.27)$$

解得

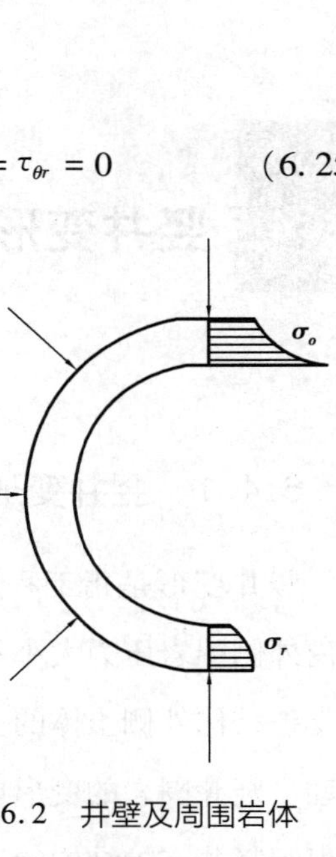

图 6.2　井壁及周围岩体
应力分布示意图

$$\varepsilon_z = u(\sigma_r + \sigma_\theta) = u\left[q\left(1 - \frac{a^2}{r^2}\right) + q\left(1 + \frac{a^2}{r^2}\right)\right] = 2uq$$

$$(6.28)$$

根据竖井围岩的力学性质不同,井壁围岩稳定性校核的方法也有所区别。

若围岩中存在软弱夹层,则应按照莫尔强度理论进行稳定性校核。若围岩中不含有软弱夹层,此时围岩内壁处于二向应力状态,发生的破坏通常为剪切破坏,可以采用"库伦-纳维尔"强度准则进行围岩稳定性的校核。数学表达式为

$$\sigma_1 \left[(f^2 + 1)^{\frac{1}{2}} - f \right] - \sigma_3 \left[(f^2 + 1)^{\frac{1}{2}} + f \right] = 2c \qquad (6.29)$$

式中,最大主应力 $\sigma_1 = -\sigma_\theta$,最小主应力 $\sigma_3 = 0$,内摩擦系数 $f = \tan \varphi = \dfrac{\sigma_c - \sigma_t}{2\sqrt{\sigma_c \cdot \sigma_t}}$,黏聚力强度 $c = \dfrac{\sqrt{\sigma_c \cdot \sigma_t}}{2}$。

将井壁围岩内边缘的应力值代入式(6.29)的左边进行井壁围岩稳定性校核,若计算结果小于公式右边,表明围岩强度满足稳定性要求,若计算结果大于公式右边,则围岩会因应力过大而发生剪切破坏。

6.4 竖井变形理论

6.4.1 竖井变形分析

竖井变形是指工程施工开挖时,由于竖井内部岩土体的开挖卸荷,支护结构内外侧围岩压力大小不一致,在压力差的作用下支护结构产生位移,随之造成支护结构外侧土体的变形变位,从而导致工程周围岩土体或建筑物的沉降与移动。竖井围岩的变形主要包括井壁围岩水平收敛、地表沉降和井底隆起,还会引起竖井支护结构的变形。

采用全断面分层开挖法自上而下进行竖井的施工开挖时,竖井开挖面上岩土体的卸载作用,导致竖井底部土体发生卸荷回弹,产生向上为主的位移。与此同时,井壁支护结构在两侧围岩压力差的作用下发生变形进一步导致井周土

体的位移,引起地表沉降。可以说,竖井施工开挖过程中井底土体隆起和支护结构变形是使周围地层发生位移的主要原因。

（1）围岩水平收敛

竖井在进行施工开挖过程中,井壁内侧岩土体发生卸荷作用,围岩原始应力状态发生改变,开挖面以上支护结构受到外侧主动土压力的作用,开挖面以下支护结构内侧受全部或部分被动土压力作用,在内外压力差的作用下竖井支护结构整体发生朝向井内的移动变形。井壁外侧围岩随着支护结构的变形而产生位移,引发水平收敛。围岩发生向井内的移动,导致地层损失从而引起地表沉降,并且随着围岩变形的发展,塑性区会慢慢扩大,从而加剧井壁外侧土体向井内的移动和竖井底部土体的隆起变形。

（2）地表沉降

竖井井壁主动土压力区和被动土压力区的岩土体将会随着支护结构的变形和位移而产生变位。随着竖井的施工开挖,竖井内部土体发生卸荷作用,由于内外压力差,支护结构外侧主动土压力区的土体会向井内挤压移动,导致岩土体水平向应力减小而剪力增大,并在竖井周围地表附近产生塑性区从而导致地面沉降。竖井施工开挖深度越大,地层损失就越多,地表附近岩土体塑性区范围增大,引起的土体塑性流动也比较大,导致井壁后方地表岩土体发生较大沉降变形,甚至发生开裂现象。

（3）井底隆起

井底隆起是竖井施工开挖引起井底土体发生垂直向卸荷作用改变岩土体原始应力状态的反应,岩土体的应力释放引起井底土体的向上回弹。当竖井开挖深度比较浅时,井底土体在卸载后产生的是弹性隆起,井底中心隆起位移最高,随着远离井底中心而逐渐变小。弹性隆起在开挖停止后很快就会停止,且基本不会引起井壁外侧土体向基坑内的移动。随着竖井开挖深度的逐渐增加,弹性隆起位移随之增大,当竖井开挖深度达到一定程度时,竖井内外侧高差所形成的压力差和地表各种施工荷载的作用将导致地基中的塑性区不断开展扩大,直至连通,支护结构变形与围岩水平位移也会随之增大,并产生朝向竖井内侧的挤压移动,致使井底弹性隆起向塑性隆起发展,造成竖井底部局部失稳,坑内产生破坏性滑移。同时,在竖井地表附近产生很大的塑性区,引起地面沉降,以补充围岩水平位移和井底隆起产生的土体损失。

在竖井工程中,支护结构变形和井底隆起不只存在于施工阶段,由于前期施工产生的地层损失引起井壁周围岩土层的移动变位,使土体受到扰动,原始应力状态发生改变,因此在施工后期相当长的时间之内,甚至是投入运营后,竖井基坑周围地层还会有逐渐收敛的地表沉降。

6.4.2 竖井支护结构计算

竖井支护结构设计方法大致包括等值梁法、弹性地基梁法(又称弹性抗力法)和有限单元法。其中,等值梁法和弹性地基梁法是在深基坑支护结构设计中应用较为普遍的方法。

(1)等值梁法

等值梁法是目前深基坑支护结构设计中最常用的方法,即找出支护结构正负弯矩转折点(弯矩零点),土压力等于零点的位置很接近正负弯矩的转折点,为简化计算,就用土压力等于零点的位置来代替弯矩零点。按照土力学中经典的朗肯土压力理论或库伦土压力理论来计算作用于支护结构上的主动、被动土压力,求得土压力零点后,在主动、被动土压力已知的条件下计算支护结构内力。再依据规范要求,验算支护结构的抗滑移和抗倾覆稳定性等,以此来进行支护结构的设计计算。等值梁法无法分析计算支护结构的变形,不能预测施工开挖对工程周围环境如地下管线、道路及建筑物等的影响。按照经典土力学理论求出的土压力一般大于支护结构上的实际土压力,其主要原因包括以下3点:

①土力学中经典土压力理论的计算前提是假设支挡结构的变形为刚性平移,而实际情况下支护结构的变形不是这样。

②朗肯土压力理论假设支挡结构是竖直、光滑的,没有考虑墙土之间的摩擦力,而实际情况下这部分摩擦力对支护结构的影响不可忽视。

③时空效应,支挡结构后方土体应力及变形的变化历史不同。经典土压力理论是平面问题,而竖井基坑施工开挖属于空间问题,其空间制约效应十分明显。基于这个原因,等值梁法多应用于开挖深度比较浅的基坑工程。

(2)弹性地基梁法

弹性地基梁法是用于计算横向荷载作用下桩身内力与位移的方法。在岩土工程中,这种方法将基坑底部以上桩墙视为悬臂梁,坑底以下为可变形但受弹性地基土约束的梁。按照文克勒假定,认为梁身任意一点的土抗力和该点的位移成正比,以此为前提进行支护结构的求解。假设地面作用均布连续荷载,如图6.3所示。

根据材料力学中相关规定,悬臂梁 AB 段上任意截面处的剪力及弯矩可以直接求出。基坑底部处的剪力和弯矩分别为

$$Q_0 = \sum_{i=1}^n E_{ai} \tag{6.30}$$

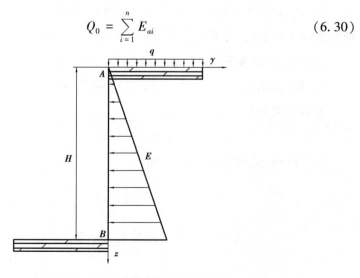

图6.3 弹性地基梁法计算示意图

$$M_0 = \sum_{i=1}^n E_{ai} z_i \tag{6.31}$$

针对均质土层情况,有

$$Q_0 = \frac{1}{2}\gamma H^2 K_a + qHK_a = HK_a\left(\frac{\gamma H}{2} + q\right) \tag{6.32}$$

$$M_0 = \frac{1}{2}\gamma H^2 K_a \cdot \frac{H}{3} + qHK_a \cdot \frac{H}{2} = \frac{1}{2}K_a H^2\left(\frac{\gamma H}{3} + q\right) \tag{6.33}$$

弹性地基梁模型中认为,当支护结构挤压坑周土层时,坑周土层会给桩墙施以反力,其大小与土层挤压位移及其水平抗力系数有关,具体关系式为

$$p = ky \tag{6.34}$$

式中　k——水平抗力系数,$k = mz^n$;

　　　y——水平位移。

对水平抗力系数,其 m 值大小随土的种类和状态而有所不同,称为水平抗力系数的比例系数。根据 n 值的取值不同,可分为以下 4 种不同的计算分析方法:

①常数法,假定水平抗力系数沿着深度均匀分布,即 $n=0$ 时。

②k 法,假定水平抗力系数在第一零点以上为沿着深度按直线($n=1$)或者抛物线($n=2$)变化,以下则保持不变($n=0$)。

③m 法,假定水平抗力系数沿深度线性增加,即 $n=1$ 时。

④c 法,假定水平抗力系数沿深度成抛物线变化,即 $n=0.5$ 时。

本书采用 m 法进行计算,有

$$p = mzy = p(y,z) \tag{6.35}$$

根据材料力学中变形理论可知

$$\begin{cases} EI\dfrac{d^4 y}{dz^4} = p(z) \\[2mm] EI\dfrac{d^3 y}{dz^3} = Q(z) \\[2mm] EI\dfrac{d^2 y}{dz^2} = M(z) \\[2mm] EI\dfrac{dy}{dz} = \varphi(z) \end{cases} \tag{6.36}$$

将各已知条件代入式(6.36),求解微分方程式,即可求得支护结构任意截面处的内力和位移。

(3)有限单元法

有限单元法相比等值梁法和弹性地基梁法,是一种更加严谨、更加准确的设计计算方法。借助于有限元数值分析软件,能够有效地模拟竖井施工开挖的全过程,考虑的影响因素更加全面准确细致。从原理上讲,有限单元法的计算过程主要包含建立积分方程、划分区域单元、确定单元基函数、单元分析、总体合成、边界条件处理以及解有限元方程。有限单元法考虑的影响因素很多,如岩土体的本构关系、施工过程的模拟以及土与支护结构的相互作用等,其涉及的计算参数也很繁杂,为了尽可能得到贴近于工程现场的真实结果,在选择相关计算参数时要结合地勘资料及设计资料进行多方考虑,综合选定。目前在实际工程设计应用中,有限元数值模拟常作为一种验证手段,通过与理论计算结果和工程类比经验进行对比分析,以得到适用于工程现场的最佳结果。

6.5 竖井变形理论计算结果

依托工程竖井的开挖深度为 81.5 m,根据勘察及施工图设计资料,竖井从上到下分别穿越素填土、砂岩、砂质泥岩和砂岩,厚度分别为 9 m、14 m、50 m 和 8.5 m,围岩基本分级为Ⅳ级。初期支护方式为锚喷支护,采用 C22 砂浆锚杆,长度为 4 m,入土倾角为 15°,全段锚固,锚杆材料特性和围岩计算参数见表 6.2、表 6.3。其中锚杆拉力设计值 N_d 采用《岩土锚杆与喷射混凝土支护工程技术规范》(GB 50086—2015)中推荐的公式计算求得,f_{mg} 参照该规范取值。

表 6.2　锚杆材料特性

E/GPa	A/m^2	N_d/kN	$f_\mathrm{mg}/\mathrm{MPa}$
200	3.8×10^{-4}	152	1.0

表 6.3　围岩力学参数

岩性	重度/(kN·m⁻³)	内摩擦角/(°)	黏聚力/kPa	弹性模量/GPa	泊松比
素填土	20.0	28	28	0.08	0.40
砂岩	25.1	41	1 800	4.88	0.22
砂质泥岩	25.6	32	700	2.38	0.34

本节水平位移简化算法假定:不考虑锚杆随井壁后方岩土体产生的整体位移,并认为竖井施工开挖过程中锚杆拉伸量在水平方向上的分量即为井壁各点所产生的位移。为了避免求解超静定结构的复杂性,采用 1/2 荷载分担法近似计算锚杆水平拉力。通常情况下,竖井在长边和短边中轴线上的井壁位移最大,选择长边跨中和短边跨中沿 Z 向的各锚杆进行设计计算。为便于和有限元数值模拟结果进行对比分析,计算工况选择为 3 m 均步开挖。计算示意图如图 6.4 所示。

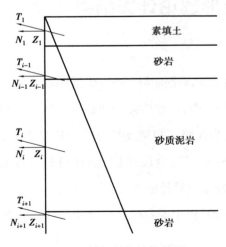

图 6.4　锚杆拉力计算简图

考虑锚杆以一定角度插入岩土层，设第 i 道锚杆所需水平拉力为

$$N_i = \frac{1}{8}K_a\gamma(Z_{i-1} + 2Z_i + Z_{i+1}) \times (Z_{i+1} - Z_{i-1}) \qquad (6.37)$$

式中　K_a——主动土压力系数，$K_a = \tan^2(45° - \varphi/2)$；

　　　γ——岩土体重度；

　　　Z_i——拉力点坐标。

计算出所需水平拉力后，即可求得第 i 道锚杆拉力为

$$T_i = \frac{N_i}{\cos\alpha} \qquad (6.38)$$

式中　T_i——第 i 道锚杆拉力；

　　　α——锚杆倾角。

参照《岩土锚杆与喷射混凝土支护工程技术规范》（GB 50086—2015）进行计算，可知锚杆的实际抗拔承载力为

$$T_0 = \frac{f_{mg}}{K}\pi DL_a\psi \qquad (6.39)$$

式中　f_{mg}——锚固段注浆体与地层间极限黏结强度标准值；

　　　K——抗拔安全系数；

　　　D——锚孔直径；

　　　L_a——锚固段长度，因全段锚固，故有 $L_a = L$；

　　　L——锚杆长度；

　　　ψ——锚固段长度对极限黏结强度的影响系数。

根据上述规范，并结合地勘资料及设计资料，取极限黏结强度 f_{mg} 为 1.0 MPa，抗拔安全系数 K 为 2.2，黏结强度的影响系数 ψ 为 1.15，锚孔直径 D 为 10 cm，锚杆长度为 4 m，代入上式计算可得锚杆实际抗拔承载力为

$$T_0 = \frac{1.0}{2.2} \times \pi \times 100 \times 4\ 000 \times 1.15 = 659(kN)$$

可知 $T_0 > N_d$，满足规范要求。再将相关围岩力学参数代入式（6.37），计算

发现各层锚杆的锚杆拉力均小于锚杆实际抗拔承载力。根据材料力学中相关理论,锚杆在各拉力点产生的变形计算公式为

$$y = \frac{T_i L}{EA} \cos \alpha \qquad (6.40)$$

式中　E——锚杆弹性模量;

　　　A——锚杆截面积。

锚杆在水平方向上产生的变形量为:$y_h = y \cos \alpha$。将相关参数代入式(6.37)—式(6.40),可得各层锚杆拉力点处的围岩水平位移计算结果见表6.4、表6.5。

表 6.4　长边中线上各点锚杆轴力和水平位移

锚杆深度/m	锚杆轴力/kN	变形量/mm	锚杆深度/m	锚杆轴力/kN	变形量/mm
1	236	12.02	43.5	115	5.83
4	266	13.51	46.5	124	6.28
7	288	14.65	49.5	129	6.57
10.5	20	1.0	52.5	135	6.84
13.5	19	0.98	55.5	141	7.17
16.5	22	1.13	58.5	146	7.41
19.5	28	1.41	61.5	148	7.54
22.5	43	2.18	64.5	146	7.44
25.5	55	2.80	67.5	139	7.06
28.5	69	3.51	70.5	122	6.21
31.5	80	4.08	73.5	93	4.72
34.5	89	4.54	76.5	55	2.82
37.5	98	4.98	79.5	47	2.40

表6.5　短边中线上各点锚杆轴力和水平位移

锚杆深度/m	锚杆轴力/kN	变形量/mm	锚杆深度/m	锚杆轴力/kN	变形量/mm
1	119	6.04	43.5	58	2.96
4	166	8.46	46.5	62	3.16
7	199	10.10	49.5	6	3.32
10.5	14	0.71	52.5	67	3.41
13.5	13	0.64	55.5	69	3.49
16.5	13	0.65	58.5	71	3.61
19.5	15	0.75	61.5	74	3.75
22.5	21	1.08	64.5	72	3.65
25.5	32	1.64	67.5	70	3.57
28.5	38	1.93	70.5	67	3.41
31.5	43	2.18	73.5	52	2.65
34.5	48	2.40	76.5	29	1.46
37.5	52	2.64	79.5	28	1.40

6.6　本章小结

本章从分析深竖井设计理论及变形出发,针对以下内容进行了研究:

①分析介绍常用的竖井侧压力计算理论,包括松散体理论、修正松散体理论、圆筒形挡土墙土压力理论、夹心墙地压理论、类重液理论和非极限状态土压理论。

②总结分析进行井壁设计时的基本依据和需要考虑的相关因素;阐述井壁

结构设计模型以及圆形竖井衬砌厚度计算和围岩强度的分析方法；竖井结构属于弹性理论空间问题，进行竖井结构计算时一般按照弹性理论，对不同的竖井形式进行一定简化后再计算。

③分析竖井施工开挖变形机理，竖井的变形主要包括井壁围岩水平收敛、地表沉降和井底隆起。介绍竖井支护结构设计方法，包括以下 3 种：等值梁法、弹性地基梁法（又称弹性抗力法）和有限单元法，并通过将竖井井壁位移等效为锚杆的水平向变形，用简化的理论解析方法计算竖井的水平位移。

7 依托工程深竖井开挖支护模拟研究

7.1 数值分析概述

7.1.1 Midas GTS NX 简介

有限元数值分析方法最大的优点是可以非常方便地将实际和理论结合起来。岩土工程中理论解析法多采用相关力学方法进行问题的求解,此解对求解域内及边界上的所有无限个点都成立,但这种方法只适用于包含未知量不多的问题。然而实际工程中的岩土工程问题比较复杂,涉及的参数众多,通过工程力学方法直接求出解析解一般很难实现,借助于计算机软件的数值模拟方法应运而生。利用数值分析方法计算成本低、工作效率高等特点,可以在较短时间内完成大量复杂工程问题的计算分析。

Midas GTS NX 是经过国内外专业技术人员和专家的共同努力,并考虑实际设计人员的需要和工作习惯,采用 Visual C++语言基于 Windows 操作环境开发的一款简单易学、操作方便、功能强大的岩土分析软件。GTS 软件自带的材料本构模型和单元能对围岩及其他建筑材料的力学性能较好地进行模拟,体现出材料的高度非线性、不可逆反应等问题。通过在有限元模型中划分节点,形成单元,施加相应荷载边界条件和位移边界条件,设计者可以模拟工程的实际工况,在一定的线性或非线性应力-应变本构关系下让数值模型表现相应的力学性能。软件卓越的图形表现以及结果整理功能可以满足使用者对不同分析的需求。

7.1.2　数值模型建立原则

进行数值模拟分析时,所建模型的合理程度决定了模拟结果的可靠性和准确性。本章数值模型的建立原则如下:

①材料本构关系的正确选择。

②数值模型单元的恰当选取。

③围岩和支护结构计算参数取值合理。

④考虑构造应力的影响。

⑤模型初始边界条件应尽量符合实际,整体模型应具有足够大的尺寸,以消除边界效应对模拟结果的影响。

7.1.3　材料本构关系选择

在合理地模拟竖井开挖前的原岩应力场的前提下,模拟竖井开挖过程中围岩与支护结构的应力及位移等变化,分析竖井开挖过程对围岩稳定性的影响,以此对原有支护设计进行综合评价。地下工程数值模拟分析中,主要包含弹性分析和弹塑性分析等。本章针对岩土体采用弹塑性分析,对支护结构则采用弹性分析。

围岩是一种各向异性材料,其力学性能受到应力水平的制约,应力-应变关系也受到其应力历史(即应力路径)的影响,想要通过一个数学模型来全面而又准确地反映围岩的所有力学特性基本是不可能的。围岩本构模型的正确选择主要基于能否准确反映出材料的应力-应变关系特性,因此应针对具体工程特点选择既容易理解又能说明主要问题的数学模型。

岩土体的材料性质包含非线性与硬(软)化、压硬性、剪胀(缩)性、抗拉抗压强度差别、流变性和静压屈服中主应力的影响等,涉及因素众多,数值模型无法也不需要完全反映这些特性,建立模型的关键是针对所研究的具体问题,抓住影响应力和变形的主要方面,选用一个既能表征围岩主要力学特性,本构关系又不会过于复杂,计算参数容易确定的模型。涉及选取的参数越多,根据误差累计原则,得到的结果可能就会越不精确。基于上述特点,本章数值模拟计算选取 GTS 软件自带的弹塑性 Mohr-Coulomb 模型作为模拟岩土体的本构关系。

在岩土工程领域,Mohr-Coulomb 准则应用较为普遍。Mohr-Coulomb 本构模型的主要力学参数为围岩的黏聚力和摩擦角,涉及的参数少,较其他特性更容易得到且取值更准确,该模型在一般岩土体的分析中都能得到比较可靠的结果。Mohr-Coulomb 模型假定中间主应力不影响屈服,材料受剪屈服时应力只取决于最大和最小主应力。许多传统的分析方法,如滑移线计算理论、极限承载力计算理论、土压力计算理论和结构面强度理论,均是基于 Mohr-Coulomb 准则建立起来的,且已经积累了大量的工程经验和实验资料。Mohr-Coulomb 模型的破坏包络线对应于 Mohr-Coulomb 模型判据(剪切屈服函数)加上拉伸分离点(拉应力屈服函数),与拉应力流动法则相关联而与剪切流动不相关联。

(1)Mohr 强度理论

Mohr 强度理论的建立依托于大量试验数据的统计分析,认为简单的应力状态不会造成岩土体的破坏,岩土体丧失其承载能力在不同的正应力与剪应力组合状态下才发生。具体来说,当岩土体中某一平面上剪应力极限承载值小于作用于该面的剪应力时,岩土体就会因达到承载能力极限状态而发生受剪破坏,

极限剪应力值 τ 的大小与作用于该面的法向应力大小有关。

针对岩体破坏特征,Mohr 强度理论作了以下假定,认为岩体的极限强度值不受中间主应力 σ_2 的影响,岩土体宏观破裂面与中间主应力 σ_2 的作用方向大体上平行。建立以剪应力 τ 为纵坐标、正应力 σ 为横坐标的直角坐标系,在坐标系上绘制出极限应力情况下的 Mohr 圆,用来描述 Mohr 强度理论。将多个极限应力 Mohr 圆上的破坏点连接起来形成的曲线即为 Mohr 强度线,又称为 Mohr 破坏包络线,如图 7.1 所示。根据 Mohr 破坏包络线的形状,可将其分为 3 类:直线形强度线、抛物线形强度曲线和双曲线形强度曲线。

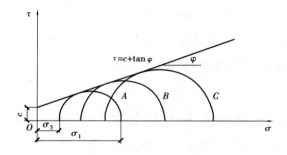

图 7.1　Mohr 破坏包络线

（2）Mohr-Coulomb 强度准则的内容

上述 3 种 Mohr 破坏包络线中,直线形 Mohr 强度线与 Coulomb 强度线描述的岩体破坏特征是一样的,也将其称为 Mohr-Coulomb 强度包络线,其数学表达式即为 Mohr-Coulomb 强度准则:

$$\tau = c + \sigma \tan \varphi \tag{7.1}$$

式中　τ——抗剪强度;

　　　c——黏聚力;

　　　σ——法向应力;

　　　φ——内摩擦角。

在由 σ-τ 组成的平面直角坐标系内,Mohr-Coulomb 强度包络线与 Mohr 圆的关系如图 7.2 所示。Mohr-Coulomb 强度包络线在纵坐标轴 τ 上的截距即为黏

聚力 c,倾角即为内摩擦角 φ。σ-τ 坐标平面被 Mohr-Coulomb 强度包络线分为上、下两个部分,直线下方为稳定区,直线上方为不稳定区。岩土体的破坏情况可以根据 Mohr-Coulomb 强度包络线与应力 Mohr 圆之间的关系进行判断。

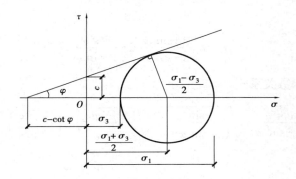

图 7.2　Mohr-Coulomb 强度包络线

　　如果岩土体内部某点的应力 Mohr 圆与 Mohr-Coulomb 强度包络线相离,则剪应力小于剪切强度,暂时不会发生破坏;若应力 Mohr 圆与 Mohr-Coulomb 强度包络线相切,则剪应力等于剪切强度,该点处于临界破坏状态,破坏面法线与最大主应力之间的夹角为 $\alpha=45°+\varphi/2$;若应力 Mohr 圆与 Mohr-Coulomb 强度包络线相割,则该点由于剪应力超过剪切强度已经发生破坏。岩体破坏与否的主要判断标准是 Mohr-Coulomb 强度包络线与应力 Mohr 圆是否相切。

　　此外,在应用 Mohr-Coulomb 强度准则时,需深入理解以下 3 点:

　　①Mohr-Coulomb 强度包络线在受压区开放,这说明理论上随着法向应力的增大,剪切强度会一直增大。当岩体承受三向等压时,应力 Mohr 圆将会缩小为 σ 轴上的一点,位于 Mohr-Coulomb 强度包络线下方,理论上岩体处于三向等压状态时不会发生破坏。

　　②Mohr-Coulomb 强度包络线在受拉区闭合,交于 σ 轴上一点,其 $\sigma<0$,$\tau=0$,这说明在三向等力拉伸时岩体将会发生破坏。

　　③σ_1-σ_3 表示的 Mohr-Coulomb 强度准则如下:

　　由图 7.2 几何关系可知

$$\sin \varphi = \frac{\dfrac{\sigma_1 - \sigma_3}{2}}{\dfrac{\sigma_1 + \sigma_3}{2} + c \cdot \cot \varphi} = \frac{\sigma_1 - \sigma_3}{\sigma_1 + \sigma_3 + 2c \cdot \cot \varphi} \qquad (7.2)$$

整理可得

$$\sigma_1 = \sigma_3 \frac{1 + \sin \varphi}{1 - \sin \varphi} + 2c \frac{\cos \varphi}{1 - \sin \varphi} \qquad (7.3)$$

又有三角函数关系式

$$\frac{\cos \varphi}{1 - \sin \varphi} = \sqrt{\frac{1 - \sin^2 \varphi}{(1 - \sin \varphi)^2}} = \sqrt{\frac{1 + \sin \varphi}{1 - \sin \varphi}} = \tan\left(45° + \frac{\varphi}{2}\right) \qquad (7.4)$$

从而得出

$$\begin{cases} \sigma_1 = \sigma_3 \tan^2\left(45° + \dfrac{\varphi}{2}\right) + 2c \tan\left(45° + \dfrac{\varphi}{2}\right) \\ \sigma_3 = \sigma_1 \tan^2\left(45° + \dfrac{\varphi}{2}\right) - 2c \tan\left(45° + \dfrac{\varphi}{2}\right) \end{cases} \qquad (7.5)$$

式中，令 $\tan^2(45° + \varphi/2) = \zeta$，$2c \tan(45° + \varphi/2) = \sigma_{cmass}$，可得以下表达式

$$\sigma_1 = \zeta \cdot \sigma_3 + \sigma_{cmass} \qquad (7.6)$$

式中　σ_{cmass}——单轴抗压强度理论值。

显然，由实测得到的岩体三轴试验数据，在以 σ_1 为纵坐标、σ_3 为横坐标的平面直角坐标系中，绘出的 Mohr-Coulomb 强度包络线为一直线，这说明岩体发生破坏时的最大、最小主应力是线性相关的。

由上述可知，当岩体中一点的应力达到极限平衡状态时，破裂面与大主应力面的夹角 $\alpha = 45° + \varphi/2$。这说明在一般情况下，破坏面不会发生在最大剪应力作用面 $\alpha = 45°$ 上，因为该面上的抗剪强度更大，而是发生在 Mohr 圆与 Coulomb 强度线相切的切点所代表的斜面上。

（3）Mohr-Coulomb 理论应用特点

弹塑性理论模型把总变形分为弹性变形和塑性变形两部分。弹性变形根据胡克定律进行计算，塑性变形则由塑性理论进行计算。超出线弹性范围的材

料塑性行为的描述包含以下 3 个方面：首先是屈服准则，描述一个给定的应力状态是在弹性范围还是已经发生塑性流动；其次是流动定律，描述塑性应变张量增量与当前应力状态的关系并以此形成弹塑性本构关系表达式；最后是硬化定律，描述随着材料的变形屈服准则的变化。

本书针对材料的塑性行为，假定其不存在应变硬化，岩土体的破坏特征采用整体适用于塑性和脆性剪切破坏的 Mohr-Coulomb 强度准则进行描述。该准则能够将岩土体的受拉、受压、受剪应力状态与强度条件紧密结合起来，不仅能以简洁的判据判别岩土体在某种应力状态下的破坏情况，而且还能够近似确定破坏面的方向，并体现出岩体抗拉强度小于抗压强度这一特性，同时可以解释岩体在三向拉伸时会发生破坏而三向等压时不会发生破坏的现象。Mohr-Coulomb 强度准则原理简单，应用方便，比较全面地反映了岩土体的强度特性。

7.2　数值计算模型

7.2.1　模型的建立

根据重庆市轨道交通 10 号线七星岗站 3 号竖井勘察及施工图设计资料，竖井平面尺寸为 31.76 m×6.66 m，开挖深度为 81.5 m，将竖井开挖影响范围内的地层简化为 5 层，从上到下分别为素填土、砂岩、砂质泥岩、砂岩和砂质泥岩，厚度分别为 9 m、14 m、50 m、8.5 m 和 98.5 m，围岩基本分级为Ⅳ级。数值建模过程中严格按照竖井工程的实际尺寸，基于圣维南原理，离竖井越远，开挖卸荷作用对周围土体的影响越小，选取模型长宽高分别为 180 m、40 m、180 m。为了能够更加真实地模拟实际的开挖效果，获取竖井开挖过程中更准确的施工开挖

后围岩及支护的相关信息,数值模拟中选
用六面体实体单元来进行围岩的建模分
析。建立的数值模型划分网格之后共
有 41 565 个单元、35 361 个节点,整体模型
及竖井位置关系如图 7.3 所示。

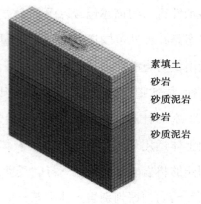

素填土
砂岩
砂质泥岩
砂岩
砂质泥岩

7.2.2　模型边界条件

岩土工程中,数值模拟的边界条件一
般分为两大类:荷载边界条件和位移边界

图 7.3　数值计算模型

条件。针对荷载边界条件,这里只考虑由重力形成的初始应力状态,由此施加
地应力场,而不考虑围岩的应力历史。针对位移边界条件,这里在数值模型的
四周边缘和底面设置相应的法向位移约束,模型上表面为自由边界。

7.2.3　初期支护方式

由第 3 章模型试验结果可知,基于依托风井所处的工程水文地质环境,在
Ⅳ级围岩条件下,岩石地层深竖井不考虑施加初期支护,竖井毛洞围岩的水平
位移比较大,围岩及初期支护的稳定性无法得到保证,有可能由于围岩位移过
大而使竖井发生破坏。同时,模型试验结果表明在竖井工程中,围岩侧压力随
着深度的增加并不是一直增大的,到达一定深度后,围岩应力的增长愈发缓慢,
变化趋于平稳,甚至有略微减小的趋势,数值模拟结果也验证了这一点。从安
全性和经济性的角度出发,进行竖井支护设计时不需要随着深度的增加而不断
加大支护刚度。

结合依托工程勘察报告及设计资料,在竖井开挖后及时施作锚杆加喷射混
凝土的柔性初期支护,控制围岩位移发展,并与围岩形成共同承载体以承受地
层压力。此外,依托竖井开挖深度比较大,截面尺寸相比深度较小,尤其是深宽

比达到了 12,长宽比接近 5,属于狭长形深竖井,为了提高竖井截面稳定性,避免竖井发生竖向失稳破坏,需要在竖井长边设置横撑。考虑混凝土支撑适用于竖井基坑面积比较大,形状复杂的基坑工程,钢支撑适用于面积适中、平面形状狭长规则的竖井基坑工程,且混凝土支撑施工工艺较工字钢支撑复杂,成本更高,选择工字钢作为依托工程的横支撑。初期支护参数见表 7.1。

表 7.1　初期支护方式

喷混凝土	锚杆	横撑	单层钢筋网	深度
C25 早强	φ22@1 m×0.75 m	Ⅰ20a 工字钢@2.25 m	A8@200 mm×	0~9 m
混凝土 260 mm	φ22@1 m×1 m	Ⅰ20a 工字钢@3.0 m	200 mm	9~81.5 m

7.2.4　计算工况

竖井开挖支护分两种工况进行模拟,每种工况都采用全断面分层开挖法开挖竖井岩土体,每步开挖深度均为 3 m,竖井模拟开挖具体工况如下:

工况 1:采用全断面分层开挖法开挖土体,每步开挖深度 3 m,每步开挖完成后,立即进行挂网喷射面层厚度为 260 mm 的混凝土,并施作砂浆锚杆和工字钢横撑,最后计算直至开挖完成。

工况 2:采用全断面分层开挖法开挖土体,每步开挖深度 3 m,每步开挖完成后,先计算进行应力释放,然后进行挂网喷射面层厚度为 260 mm 的混凝土,并施作砂浆锚杆和工字钢横撑,最后计算直至开挖完成。

7.2.5　计算参数选取

本模型假定岩土体为各向同性,采用 Mohr-Coulomb 准则,结合依托工程地勘资料,围岩物理力学参数的选取见表 7.2。

表7.2 围岩力学参数

岩性	重度/(kN·m⁻³)	内摩擦角/(°)	黏聚力/kPa	弹性模量/GPa	泊松比
素填土	20.0	28	28	0.08	0.40
砂岩	25.1	41	1 800	4.88	0.22
砂质泥岩	25.6	32	700	2.38	0.34

竖井采用厚度为 260 mm 的 C25 喷射混凝土,架设单层钢筋网 A8@200 mm×200 mm,施作φ22 砂浆锚杆,长度为 4 m,入土倾角为 15°,并在竖井长边设置工20aⅠ字钢横撑,每层设置 3 根,横向间距 7.8 m。考虑数值模型中无法施加单层钢筋网,为了保证数值模拟的准确性,采用弹性模量等效原则,将喷射混凝土和钢筋网的支护刚度折算为等效支护刚度,即竖井初期支护喷射混凝土的弹性模量为等效弹性模量。钢筋网的支护效果采用等效刚度方法予以考虑,其计算公式为

$$E = \frac{E_c \cdot S_c + E_g \cdot S_g}{S_c + S_g} \tag{7.7}$$

式中　E——等效支护弹性模量;

　　　E_c——喷射混凝土弹性模量;

　　　S_c——喷射混凝土横截面积;

　　　E_g——钢材弹性模量;

　　　S_g——钢筋网横截面积。

单层钢筋网计算面积为 1.001 cm²,弹性模量为 210 GPa,结合上述等效弹性模量计算公式,将喷射混凝土相关参数代入,即可求出竖井初期支护的等效弹性模量为

$$E = \frac{25 \times (26 \times 40 - 1.001) + 210 \times 1.001}{26 \times 40} = 25.2 (\text{GPa})$$

初期支护物理力学参数见表7.3。

表 7.3 支护结构参数

支护结构	$\gamma/(\mathrm{kN \cdot m^{-2}})$	E/GPa	ν
喷射混凝土	23	25.2	0.2
锚杆	78.5	210	0.3
Ⅰ20a 工字钢	78.5	200	0.3

7.3 围岩施工力学行为分析

7.3.1 围岩位移

1)X 方向水平位移

竖井施工开挖完成后,两种工况下 X 方向围岩水平位移云图如图 7.4、图 7.5 所示。

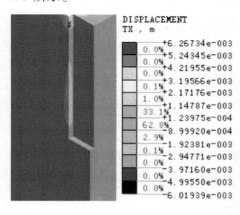

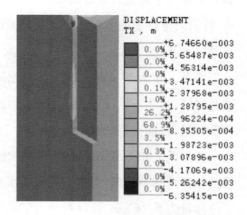

图 7.4 工况 1X 方向水平位移云图   图 7.5 工况 2X 方向水平位移云图

分别提取两种工况下竖井短边跨中围岩位移数据,得到位移沿深度的变化曲线如图7.6所示。

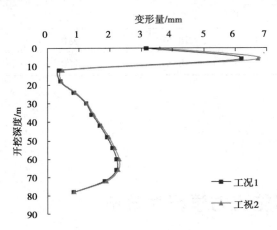

图7.6 X 方向水平位移沿深度变化曲线

经过分析,竖井短边跨中围岩 X 方向水平位移呈现以下特点:

①由图7.4、图7.5可知,两种工况下竖井短边围岩的最大水平位移均发生在竖井上部素填土区域,工况2情况下位移最大,为6.74 mm,符合规范中位移限值的要求。

②由图7.6可知,随着竖井施工开挖的进行,围岩水平位移在素填土与砂岩分界处发生突变。分析其原因,是由素填土与砂岩之间弹性模量差距较大导致,砂岩力学性能明显较素填土有较大的提升,在此处发生位移突变,之后随着竖井施工开挖的继续,位移呈现先增大后减小的变化,此段最大水平位移为工况2情况下的2.29 mm。分析其变化原因,一方面是该竖井底部有一定厚度的砂岩岩层,弹性模量较大;另一方面越接近开挖底部,竖井围岩受到周围岩层的约束越强,位移会逐渐收敛。

③工况1和工况2每步的开挖深度相同,均为3 m,并且支护方式也一样,但是位移量却不相同,工况1的最大水平位移量为6.19 mm,而工况2的最大水平位移量为6.74 mm,位移量增大了近10%。

④两种工况下每步的开挖卸荷量均相等,支护方式一样,因此同种模拟方

法下的位移变形曲线形状大致相同,尤其是在 15 m 深度以下基本无变化,位移沿深度变化曲线基本重合。

⑤由图 7.6 可知,两种工况下围岩的最大水平位移均发生在竖井深度 6 m 左右位置处,提取 6 m 深度处围岩 X 方向的水平位移,将该位置作为特征点,分析其位移随竖井施工开挖步序的变化。特征点位移变化如图 7.7 所示,由图可知,两种工况下最大水平位移均在开挖竖井上部素填土时发展较快,之后缓慢增长并趋于平稳。素填土开挖完成时,工况 1 累积位移占总位移量的 92%,工况 2 累积位移占总位移量的 95%,说明竖井填土层以下围岩开挖对上部填土区域内最大位移的影响比较小,且距离越远,这种影响越小。上部素填土层的开挖是工程的一个重难点,实际工程在开挖该区域时,应及时施作支护,控制位移发展。

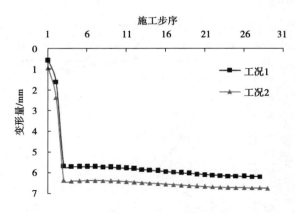

图 7.7　特征点 X 方向位移变化曲线

2) Y 方向水平位移

竖井施工开挖完成后,两种工况下 Y 方向围岩水平位移云图如图 7.8、图 7.9 所示。

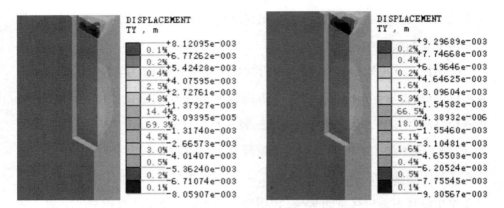

图7.8　工况1 Y方向水平位移云图　　　图7.9　工况2 Y方向水平位移云图

　　分别提取两种工况下竖井长边跨中围岩位移数据,得到位移沿深度的变化曲线如图7.10所示。

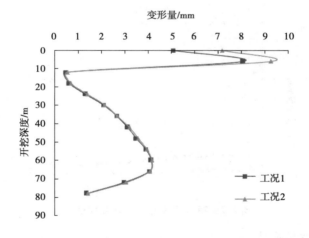

图7.10　Y方向水平位移沿深度变化曲线

　　经过分析可知,竖井长边跨中围岩 Y 方向水平位移呈现出的特点与短边跨中 X 方向水平位移比较相似,具体如下:

　　①由图7.8、图7.9可知,与短边方向一样,两种工况下竖井长边围岩的最大水平位移均发生在竖井上部素填土区域,工况2情况下位移最大,为9.29 mm,符合规范中位移限值的要求。

②由图 7.10 可知,围岩水平位移在素填土与砂岩分界处发生突变,之后位移呈现先增大后减小的变化,此段最大水平位移为工况 2 情况下的 4.15 mm。

③工况 1 情况下围岩 Y 方向的最大水平位移量为 8.07 mm,工况 2 情况下围岩 Y 方向的最大水平位移量为 9.29 mm,位移量增大了近 15%,再一次证明模拟所采取的两种工况对水平位移有较大影响。

④提取 6 m 深度处围岩 Y 方向的水平位移,将该位置作为特征点,分析其位移随竖井施工开挖步序的变化。如图 7.11 所示,与短边跨中 X 方向类似,两种工况下最大水平位移均在开挖竖井上部素填土时发展较快,之后缓慢增长并趋于平稳。素填土开挖完成时,工况 1 累积位移占总位移量的 94%,工况 2 累积位移占总位移量的 96%,同样说明竖井填土层以下围岩开挖对上部填土区域内最大位移的影响比较小,且距离越远,这种影响越小。

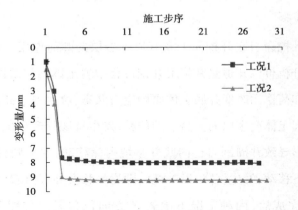

图 7.11　特征点 Y 方向位移变化曲线

⑤X 方向与 Y 方向水平位移的对比分析如图 7.12 所示。从图 7.12 中可知,在相同的开挖深度处,X 方向和 Y 方向的水平位移量大不相同。两种工况下,均是 Y 方向位移大于 X 方向位移,说明竖井的长宽比对井壁两个不同方向上的位移有很大影响。两种工况下均是在上部素填土区域,竖井水平位移变化差异大,而在 15 m 深度以下则基本无变化,变化曲线基本重合,X 方向和 Y 方向的水平位移沿竖井深度方向变化趋势一致,均是先增大后减小,且与模型试

验围岩水平位移变化规律大致相同,侧面验证了模型试验结论的可靠性。

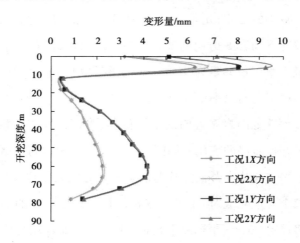

图7.12　X、Y方向水平位移沿深度变化曲线

3)Z方向位移

　　竖井施工开挖会引起开挖面上及其周围岩层的卸荷作用。通过对水平位移计算结果的分析可以知道竖井施工开挖过程中岩土体的移动机理。在井底,竖井开挖垂直卸荷作用改变井底土体原始应力状态,坑底由于卸荷并受到周围岩层挤压而引起土体产生以向上为主的位移,发生坑底隆起现象;在地表,围护结构的位移变形导致井周围岩也向竖井基坑内侧移动,发生侧移,从而引起竖井地表土体向下移动,发生沉降,以补充由围岩侧移及井底隆起而损失的土体。竖井施工开挖完成后,两种工况下围岩Z方向位移云图如图7.13、图7.14所示。

　　由图7.13、图7.14可知,由于开挖卸荷作用,竖井地表土体发生负向位移,即产生沉降,坑底土体发生正向位移,即产生隆起,工况2情况下沉降位移和隆起位移都最大,分别为5.37 mm和6.39 mm,均符合规范要求。分别提取两种工况下井底隆起及X、Y方向上的地表沉降数据,分析如下:

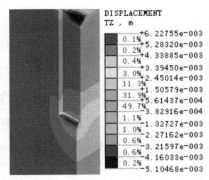

图 7.13 工况 1 Z 方向位移云图

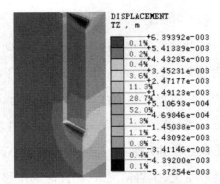

图 7.14 工况 2 Z 方向位移云图

（1）地表沉降

分析图 7.15 可知，工况 1 情况下围岩 X 方向的最大沉降量为 2.21 mm，工况 2 为 2.51 mm，位移量增大了近 14%，工况 1 情况下围岩 Y 方向的最大沉降量为 5.01 mm，工况 2 为 5.37 mm，位移量增大了近 7%，说明模拟所采取的两种开挖计算方式对沉降有较大影响。两种工况下，地表沉降曲线均近似呈现出三角形变形特点，越靠近竖井井壁，沉降值越大。此外，沿 X 方向地表沉降值远小于 Y 方向地表沉降值，并且从地表沉降曲线可知，X 方向地表沉降收敛更快，沉降影响范围小于 Y 方向，Y 方向沉降影响范围约为 15 m，X 方向沉降影响范围约为 10 m，表明竖井四周地表的沉降与竖井的长宽比有着密切的关系。两种工况下每步的开挖卸荷量均相等，支护方式一样，地表沉降曲线形状均大致相同。

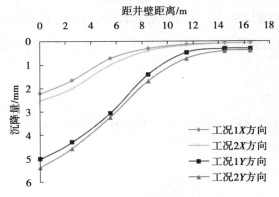

图 7.15 地表沉降曲线

（2）井底隆起

竖井的施工开挖过程是典型的竖向卸荷过程,施工开挖改变了井底原有的应力状态。如图7.16所示,两种工况下的坑底隆起曲线分布状态大致相似,坑底中心位置处隆起位移最大,工况1为6.23 mm,工况2为6.39 mm。隆起位移随着远离坑底中心而逐渐变小,在竖井坑底边缘处,受初期支护混凝土及井壁围岩的约束作用影响,土体回弹量最小。总体来说,由于竖井底部岩层为砂岩,弹性模量大,围岩情况好,因此隆起位移不大。

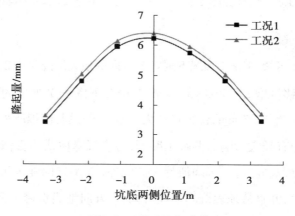

图7.16　井底隆起曲线

7.3.2　围岩应力

为了对竖井开挖后围岩的稳定性进行评价,需要分析竖井围岩的应力情况及其演变规律,分别从最大主应力、最小主应力和最大剪应力3个方面对围岩应力进行分析。

（1）最大主应力

竖井施工开挖完成后,两种工况下围岩最大主应力云图如图7.17、图7.18所示。

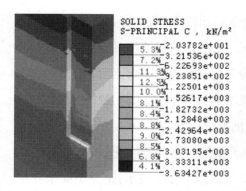

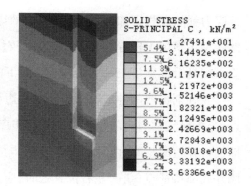

图 7.17　工况 1 围岩最大主应力云图　　　　图 7.18　工况 2 围岩最大主应力云图

经过分析,围岩最大主应力呈现以下特点:

①由图 7.17、图 7.18 可知,两种工况下围岩的最大主应力分布特点相似,都为压应力,竖井底部应力值相对较大,上部填土区域应力值相对较小,最大值出现在竖井底部边缘位置,其中工况 1 情况下应力值最大,为 -3.151 MPa。在竖井实际施工过程进行到底部时,应注意加强对相应位置的保护和监测,避免围岩发生受压破坏。

②对比工况 1 和工况 2 围岩最大主应力模拟计算值可知,工况 1 的最大主应力值大于工况 2,尤其是在上部素填区域,这种差异比较明显。两种工况下每步的开挖卸荷量均相等,支护方式也一样,唯一的不同之处在于数值模拟计算时,工况 1 每步开挖完成后,立即施作初期支护,然后计算直至开挖完成;而工况 2 每步开挖完成后,先计算进行应力释放,达到平衡后再施作初期支护,最后计算直至开挖完成。由于工况 2 相比工况 1 考虑了实际工程施工开挖中围岩的应力释放过程,应力释放更充分,因此最后开挖支护完成后其最大主应力小于工况 1 不考虑应力释放的情况。此外,考虑应力释放对上部素填土围岩最大主应力的影响明显大于下部岩层,这从围岩位移分析中也能看到,工况 2 考虑应力释放计算模式对竖井上部素填土区域的水平位移影响较大,而在 15 m 深度以下,两种工况下水平位移差距较小,位移随深度变化曲线基本重合。分析其原因,主要在于竖井上部素填土力学性能相较于下部砂岩、砂质泥岩比较差,

其应力释放过程更加缓慢,受支护时效因素影响较大,而砂岩和砂质泥岩力学性能相比素填土较好,应力释放过程较快。无论是围岩位移,还是围岩最大主应力均是上部素填土区域受两种工况下的开挖计算模式影响更大。

③分别提取两种工况下竖井底部边缘围岩最大主应力,将该位置作为特征点,分析最大主应力随竖井施工开挖步序的变化。如图 7.19 所示,在竖井中上部进行开挖施工时,两种工况下特征点应力值均基本没有变化,当施工至距离风井底部特征点 30 m 左右位置处时,应力值开始小幅度减小,距离 5 m 至开挖特征点断面时,应力值迅速增大至峰值,然后在特征点断面开挖完成后的一段时间内,围岩最大主应力值逐渐减小并趋于稳定,直至竖井施工完成。最终,工况 1 特征点最大主应力为 -3.151 MPa,工况 2 特征点最大主应力为 -3.129 MPa。此外,由图可知,两种工况下竖井底部最大主应力变化曲线形状相似且基本重合,表明在竖井底部处围岩应力受开挖计算模式影响较小,验证了前面关于支护时效对围岩应力影响的讨论。

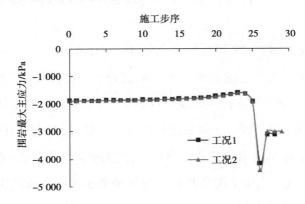

图 7.19　竖井底部最大主应力变化曲线

④考虑上部素填土层的开挖是竖井工程施工的一个重难点,分别提取两种工况下竖井水平位移最大处最大主应力,分析最大主应力随竖井施工开挖步序的变化。如图 7.20 所示,从竖井开挖上部素填土开始,由于距离水平位移最大处断面较近,该处围岩最大主应力值先逐渐减小,然后在该断面开挖过程及完成后的一段时间内,逐渐增大并趋于稳定,直至竖井开挖完成。竖井填土层以

下围岩的开挖对该处最大主应力的发展基本没有影响,其原因一方面是距离开挖面越远,受影响越小;另一方面初期支护的施作较好地控制了围岩应力的发展,使之趋于稳定。最终,工况 1 位移最大处最大主应力为−0.323 MPa,工况 2 位移最大处最大主应力为−0.303 MPa。此外,由图 7.20 可知,两种工况下竖井水平位移最大处最大主应力变化曲线形状相似,但差距较大,表明在竖井填土区围岩应力受开挖计算模式影响较大,验证了前面关于支护时效对围岩应力影响的讨论。

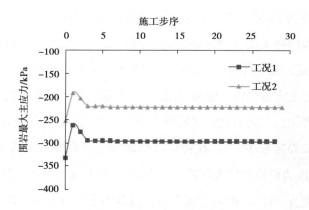

图 7.20　填土区最大主应力变化曲线

(2)最小主应力

竖井施工开挖完成后,两种工况下围岩最小主应力云图如图 7.21、图 7.22 所示。经过分析,围岩最小主应力呈现以下特点:

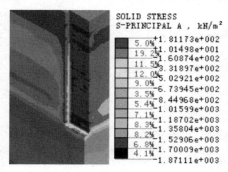

图 7.21　工况 1 围岩最小主应力云图

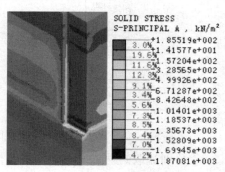

图 7.22　工况 2 围岩最小主应力云图

①两种工况下围岩的最小主应力分布特点相似,都是既存在压应力也存在拉应力。压应力主要出现在竖井底部边缘及四周角部,其中工况 1 情况下应力值最大,为-0.535 MPa。拉应力主要出现在竖井中上部,其中工况 2 情况下应力值最大,为 0.186 MPa。在竖井实际施工过程进行到相应位置时,应注意加强对相应位置的保护和监测,避免出现挤压破坏和受拉破坏的情况发生。

②对比工况 1 和工况 2 围岩最小主应力模拟计算值可知,与围岩最大主应力分布特点相似,两种工况下开挖计算模式的不同均主要影响上部素填土区域围岩的最小主应力,而对下部围岩情况较好的岩层影响较小。

③分别提取两种工况下竖井底部边缘围岩最小主应力,将该位置作为特征点,分析最小主应力随竖井施工开挖步序的变化。如图 7.23 所示,两种工况下竖井底部边缘最小主应力均为压应力,在竖井中上部进行开挖施工时,特征点应力值均基本没有变化。当施工至距离风井底部特征点 15 m 左右位置处时,应力值先缓慢增大后又加速减小,然后在特征点断面开挖过程中及完成后的一段时间内,围岩最大主应力值快速增大并趋于稳定,直至竖井施工完成。最终,工况 1 特征点最小主应力为-0.535 MPa,工况 2 特征点最小主应力为-0.523 MPa。

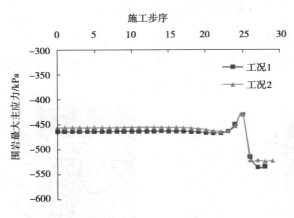

图 7.23　竖井底部最小主应力变化曲线

④分别提取两种工况下竖井素填土区水平位移最大处最小主应力,分析最小应力随竖井施工开挖步序的变化。如图 7.24 所示,从竖井开挖上部素填土

开始,该处围岩最小主应力值逐渐减小,但仍为压应力,然后在该断面开挖过程中,应力发生突变,由压应力变为拉应力,之后在拉应力状态下逐渐增大并趋于稳定,直至竖井开挖完成。竖井填土层以下围岩的开挖对该处最小主应力的发展基本没有影响。最终,工况 1 位移最大处最大主应力为 0.091 MPa,工况 2 位移最大处最大主应力为 0.101 MPa。

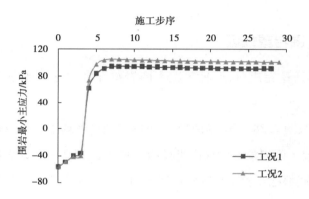

图 7.24　填土区最小主应力变化曲线

(3)最大剪应力

竖井施工开挖完成后,两种工况下围岩最大剪应力云图如图 7.25、图 7.26 所示。

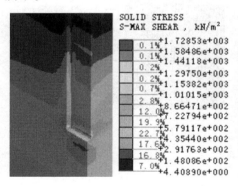

图 7.25　工况 1 围岩最大剪应力云图

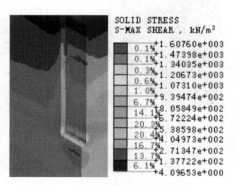

图 7.26　工况 2 围岩最大剪应力云图

由图 7.25、图 7.26 可知,两种工况下围岩的最大剪应力分布特点相似。竖井底部剪应力值相对较大,上部填土区域剪应力值相对较小,最大值均出现在竖井底部边缘位置。其中,工况 1 情况下最大剪应力为 1.729 MPa,工况 2 情况下最大剪应力为 1.608 MPa。在竖井实际施工过程进行到相应位置时,应注意加强对相应位置的保护和监测,避免围岩发生受剪破坏。

7.3.3 围岩塑性区

竖井施工开挖完成后,两种工况下围岩塑性区的分布如图 7.27、图 7.28 所示。

由图 7.27、图 7.28 可知,两种工况下围岩塑性区均主要集中在竖井上部素填土区域,工况 1 围岩最大塑性区半径约为 8 m,工况 2 围岩最大塑性区半径约为 9 m。竖井底部存在较小范围塑性区分布。工况 1 围岩的等效应变最大值为 $1.88×10^{-3}$,工况 2 围岩的等效应变最大值为 $2.40×10^{-3}$。在竖井实际施工过程进行到相应位置时,应加强保护,避免围岩因位移过大而发生破坏。

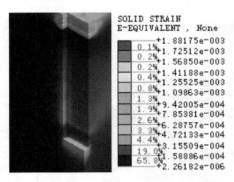
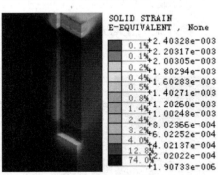

图 7.27 工况 1 围岩塑性区　　　　　图 7.28 工况 2 围岩塑性区

7.4　初期支护施工力学行为分析

7.4.1　支护结构应力分析

1）支护结构最大主应力

竖井施工开挖完成后,两种工况下支护结构最大主应力云图如图 7.29、图 7.30 所示。

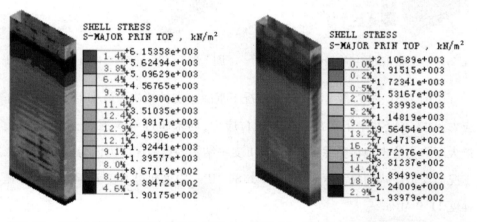

图 7.29　工况 1 支护结构最大主应力云图　　图 7.30　工况 2 支护结构最大主应力云图

由图 7.29、图 7.30 可知,两种工况下混凝土支护结构最大主应力均以拉应力为主,在竖井中下部应力集中较为明显。受开挖计算模式的影响,工况 2 相较于工况 1 考虑了支护的时效作用,在相同的支护方式下,应力集中比工况 1 小很多。工况 1 支护结构的最大拉应力值达到 6.15 MPa,工况 2 支护结构的最大拉应力值达到 2.11 MPa,拉应力值均已超过 C25 混凝土抗拉强度 1.27 MPa。

在竖井实际施工过程进行到该处时,应通过架设型钢钢架、设置双层钢筋网、增加喷混厚度等方式加强支护,避免初期支护混凝土发生受拉破坏。

2)支护结构最小主应力

竖井施工开挖完成后,两种工况下支护结构最小主应力云图如图7.31、图7.32所示。

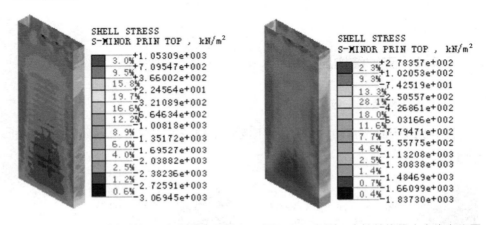

图7.31 工况1支护结构最小主应力云图　　图7.32 工况2支护结构最小主应力云图

由图7.31、图7.32可知,两种工况下混凝土支护结构的最小主应力均以压应力为主,在竖井中下部出现小范围拉应力,均未超过C25混凝土抗拉强度。最大压应力值出现在竖井顶部,工况1支护结构的最大压应力值为-3.07 MPa,工况2支护结构的最大压应力值为-1.84 MPa,均未超过C25素混凝土的抗压强度11.9 MPa。

7.4.2 支护结构弯矩计算

在竖井的施工开挖过程中,受空间结构作用的影响,作为板单元处理的初期支护会产生两个方向的弯矩:竖向弯矩和横向弯矩。由于依托竖井长边尺寸远大于短边尺寸,长宽比接近5,短边受到两端的约束作用较强,相比长边弯矩小很多,偏于安全,因此针对两个工况均选取竖井长边弯矩进行计算。如

图 7.33 所示为竖向弯矩方向示意图,竖向弯矩沿深度的变化情况如图 7.34 所示。

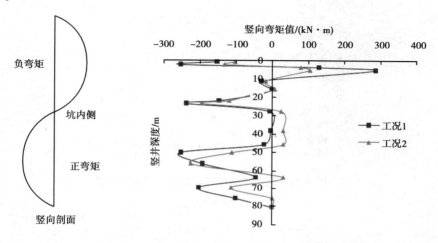

图 7.33　竖向弯矩方向示意图　　　图 7.34　竖向弯矩沿深度变化曲线

分析图 7.34,可以得到以下 3 点结论:

①两种工况下竖井长边方向竖向弯矩均主要为负值,结合图 7.33 可知,竖井初期支护均主要在坑内侧受拉,外侧受压,内侧受拉最大弯矩值为工况 1 情况下的 254 kN·m;在上部填土区域内,初期支护存在小范围外侧受拉情况,外侧受拉最大弯矩值为工况 1 情况下的 286 kN·m。在竖井实际施工进行到相应弯矩较大位置时,应加强支护,避免初期支护混凝土因弯矩过大导致受拉侧发生开裂破坏,影响竖井的稳定性和安全。

②竖向弯矩存在许多突变点,分析其主要原因是在相应位置处存在钢支撑,其作用类似于局部固定端,造成井壁局部范围受力改变,发生弯矩突变。

③受支护时效的影响,工况 2 情况下围岩应力释放更加充分,支护结构受力相比工况 1 情况较小,由此导致支护结构竖向弯矩相比工况 1 整体较小。

7.4.3　锚杆轴力

竖井水平位移较大处均为各边跨中位置,分别提取两种工况下长边和短边跨中锚杆轴力数据,得到其沿竖井深度的变化曲线如图 7.35、图 7.36 所示。

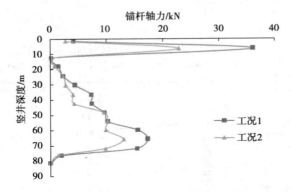

图 7.35　短边跨中锚杆轴力沿深度变化曲线

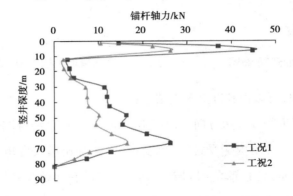

图 7.36　长边跨中锚杆轴力沿深度变化曲线

分析图 7.35、图 7.36,可以得到以下 3 点结论:

①无论是长边跨中处锚杆轴力,还是短边跨中处锚杆轴力,两种工况下其沿竖井深度方向变化曲线的形状均与相应位置处水平位移沿竖井深度方向变化曲线形状大致相似。在水平位移较大的地方,锚杆轴力也较大,表明锚杆轴力的大小与竖井水平位移呈现出很大的正相关性。

② 两种工况下,长边和短边跨中锚杆轴力较大的地方均出现在竖井上部素填土层和中下部砂质泥岩层,这些位置也是竖井水平位移较大的地方。最大值均出现在竖井上部素填土区域围岩水平位移最大处附近,其中长边跨中处工况 1 情况下锚杆轴力最大值为 45 kN,工况 2 情况下锚杆轴力最大值为 26 kN,短

边跨中处工况 1 情况下锚杆轴力最大值为 36 kN,工况 2 情况下锚杆轴力最大值为 23 kN。在竖井实际施工过程中,应加强对相应锚杆轴力较大位置处的监控量测,避免锚杆受拉破坏,从而影响竖井的稳定性和安全。

③无论是长边跨中处锚杆轴力,还是短边跨中处锚杆轴力,工况 2 情况下轴力相比工况 1 情况下轴力整体均较小,分析其原因是工况 2 考虑了支护时效影响,围岩应力释放更加充分。

7.4.4　工字钢轴力

考虑竖井深度比较大,为增加竖井的整体稳定性,在竖井短边方向设置了 I20a 工字钢横撑,每层设置 3 根,横向间距 7.8 m。提取靠近长边跨中处工字钢轴力数据,得到其沿竖井深度的变化曲线如图 7.37 所示。

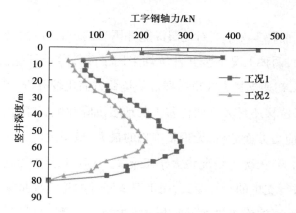

图 7.37　中排工字钢轴力沿深度变化曲线

分析图 7.37 可以得到以下 3 点结论:

①两种工况下工字钢轴力沿竖井深度方向变化曲线的形状均与相应位置长边跨中处水平位移沿深度方向变化曲线形状大致相似,在水平位移较大的地方,工字钢轴力均较大,表明工字钢轴力的大小与位移呈现出很大的正相关性,竖井水平收敛越大的地方,工字钢受围岩的挤压越严重,受力较大。

②两种工况下工字钢轴力较大的地方均出现在竖井上部素填土层和中下

部砂质泥岩层,这些位置也是竖井水平位移较大的地方。最大值均出现在竖井顶部第一层钢支撑中,其中工况 1 工字钢轴力最大值为 453 kN,工况 2 工字钢轴力最大值为 280 kN。在竖井实际施工过程中,应加强对相应轴力较大位置处的监控量测,避免工字钢受压破坏,从而影响竖井的稳定性和安全。

③工况 2 情况下工字钢轴力相比工况 1 整体较小,分析其原因是工况 2 考虑了支护时效的影响,围岩应力释放更加充分。

7.5 支护时效影响分析

前面探讨了两种工况下岩石地层深竖井围岩的位移、应力特征及初期支护的相关力学行为,两种工况下竖井基坑均采用全断面分层开挖法开挖土体,每步开挖深度 3 m,初期支护方式也一样。从位移方面比较分析,可以发现无论是 X、Y 方向的水平位移还是 Z 方向位移上的地表沉降和坑底隆起,工况 1 情况均小于工况 2 ;从应力方面分析,无论是围岩的最大、最小主应力还是初期支护的应力、弯矩、轴力等,工况 1 情况均大于工况 2。工况 1 竖井的施工模拟采用的是开挖后立即进行支护的计算模式,而工况 2 竖井的施工模拟采用的是开挖后先进行应力释放,再施作支护的计算模式。在实际工程中,竖井开挖完后立即进行初期支护的施作是比较困难的,很难像软件里这样方便快捷地实现,而是需要有一个时间过程。在这个过程中,应力释放更加充分,产生应力重分布现象,变形也得到更加充分的发展,从而导致两种工况下围岩及初期支护的位移、内力均出现差异。

以上的分析,说明竖井的支护存在时间效应问题。大量的工程实践表明,在竖井的施工开挖过程中,已开挖部分的无支护暴露时间与竖井周围岩体的位移、应力具有明显的相关性,会影响竖井初期支护的力学行为。在控制范围内,竖井施工开挖后无支护暴露的时间越长,竖井的位移变形将会越大,而围岩应力释放更加充分,施作初期支护后其承受的荷载也就越小,相应地应力、弯矩也就越小。

模拟所采取的两种工况,实质区别就是开挖后无支护暴露时间长短的差异。工况 1 是竖井开挖结束后立即进行支护,无支护暴露时间为"0",虽然这在实际工程中不可能,但在软件中可以轻易实现。工况 2 考虑了这一时间过程,在开挖应力得到更加充分的释放并重新平衡后再施加支护,导致计算结果的差异。

随着现代支护理念的发展,从经济性的角度加以考虑,越来越多的设计者在探究如何有效地利用围岩的自支承能力。通过合理控制支护时机,有效地利用支护时效的影响,最大限度地开发围岩的承载能力和自稳能力,在保证围岩及支护结构最终稳定性和安全的情况下,可以达到优化支护参数,节约施工成本的目的。

7.6　本章小结

本章依托重庆市轨道交通 10 号线七星岗站 3 号竖井设计资料,结合模型试验研究结果,建立依托竖井开挖支护三维有限元数值模型,对比分析了竖井在两种开挖支护工况下围岩及初期支护的施工力学行为,揭示施工过程中的地层位移规律、围岩应力特点和支护结构内力等,依据应力释放程度的不同探讨支护时效的影响。研究结果表明,有效利用支护时效影响、合理控制支护时机,可以最大限度地发挥围岩的承载能力和自稳能力,从而达到优化支护参数、提高施工效率、节约施工成本的目的。

8　岩石地层深竖井支护参数优化研究

8.1　引言

《公路隧道设计规范 第一册土建工程》（JTG 3370.1—2018）中关于Ⅳ级围岩情况下竖井的支护结构,一般规定是由初期支护和二次衬砌组成的复合式衬砌结构。现在有种观点认为,绝大多数围岩都具有自支承能力,通过合理设置初期支护作为永久构造,由初期支护与围岩构成的共同承载体即可承担围岩大部分荷载,二次衬砌的主要作用是作为安全储备以提高项目的安全度和耐久性,为后期设备安装以及运营提供较好的工作空间。本章主要针对竖井开挖施工过程中对围岩前期稳定性影响较大的初期支护进行优化研究。

依托工程竖井的初期支护由喷射混凝土、钢筋网、锚杆和工字钢组成,本章拟采用因素敏感性分析方法对初期支护参数进行单因素敏感性分析,选取对围岩及初期支护结构稳定性影响较大的喷射混凝土厚度、锚杆长度、锚杆间距和工字钢间距作为单因素敏感性分析的研究对象。

针对竖井的初期支护进行单因素敏感性分析,研究在竖井初期支护喷射混凝土厚度、锚杆长度、锚杆间距和工字钢间距发生变化时围岩稳定性的变化,一方面,在于得到作为竖井稳定性影响因子的初期支护喷射混凝土厚度、锚杆长度、锚杆间距和工字钢间距,其分别对围岩稳定性的影响程度大小;另一方面,知道竖井不同初期支护结构对围岩稳定性的影响程度大小后,可以更加有针对性地对竖井的初期支护设计进行优化,最大限度实现竖井工程的安全性、经济性和合理性。

8.2 深竖井初期支护参数研究

8.2.1 初期支护参数研究方案

本节针对竖井初期支护参数进行单因素敏感性分析,以喷射混凝土厚度、锚杆长度、锚杆间距和工字钢间距这 4 个影响因素作为研究对象,每个影响因素设置 3 个水平值,具体的初期支护参数研究水平值见表 8.1。

表 8.1　初期支护参数研究水平值

支护结构	水平值 1	水平值 2	水平值 3
C25 喷射混凝土厚度/m	0.21	0.26	0.31
C22 锚杆长度/m	3	4	5
C22 锚杆间距/m	1	1.5	2
Ⅰ20a 工字钢间距/m	2	3	4

为了充分考虑竖井初期支护结构各个影响因素变化对围岩及初期支护结构稳定性的影响,采用 Midas GTS NX 建立相应的数值模型进行计算分析。数值模型的尺寸范围、边界条件及计算参数等均与第 4 章相同,即竖井长宽高为 31.76 m×6.66 m×81.5 m,数值模型长宽高为 180 m×40 m×180 m。施加初始地应力场,位移边界条件为在模型的四周边缘和底面设置相应的法向位移约束,模型上表面为自由边界。围岩基本分级为Ⅳ级,地层从上到下依次为素填土、砂岩、砂质泥岩、砂岩和砂质泥岩,厚度分别为 9 m、14 m、50 m、8.5 m 和 98.5 m。

结合依托工程施工图设计资料,对竖井初期支护参数进行单因素敏感性分析时,数值模型中选取的初期支护基准参数集为喷射混凝土厚度为 0.26 m,锚杆长度为 4 m,锚杆间距为 1.5 m,工字钢间距为 3 m。围岩计算参数参见表 7.2,初期支护计算参数见表 7.3。数值模拟中假定岩体为各向同性,采用 Mohr-Coulomb 弹塑性本构模型,采用六面体实体单元来进行围岩的建模分析。数值分析模型如图 7.3 所示。

8.2.2 数值模拟结果分析

为了对竖井初期支护参数进行单因素敏感性分析并计算敏感度系数,将对竖井稳定性影响较大且可比性较强的围岩水平位移作为因素响应值进行分析。由第 4 章围岩水平位移分析可知,依托竖井 X、Y 方向水平位移最大值均出现在上部素填土区域 6 m 深度左右位置处,在竖井中下部 60 m 深度左右位置处,出现另一个水平位移峰值区,选取竖井 6 m 深度和 60 m 深度这两个位置处的 X、Y 方向水平位移进行初期支护参数变化对围岩稳定性影响的分析研究。

(1)喷射混凝土厚度变化对围岩稳定性的影响

根据单因素敏感性分析原则,在开展喷射混凝土厚度变化对竖井围岩稳定性影响的研究分析时,需要确保数值模型中作为初期支护参数基准值的锚杆长度、锚杆间距和工字钢间距等参数保持不变,通过改变喷射混凝土厚度来进行分析。据此分别建立了喷射混凝土厚度为 0.21 m、0.26 m 和 0.31 m 的 3 个模型进行开挖支护数值模拟计算,然后分别提取竖井 6 m 深度和 60 m 深度这两个位置处的 X、Y 方向水平位移,得到不同喷射混凝土厚度下围岩的水平位移,见表8.2。

表8.2　不同喷射混凝土厚度下围岩的水平位移

喷射混凝土厚度/m	0.21	0.26	0.31
6 m 处围岩 X 方向水平位移/mm	6.927 0	6.292 7	5.805 6
6 m 处围岩 Y 方向水平位移/mm	9.320 7	8.556 7	7.793 8
60 m 处围岩 X 方向水平位移/mm	2.467 3	2.300 5	2.144 6
60 m 处围岩 Y 方向水平位移/mm	4.962 5	4.590 8	4.218 8

由表8.2 不同喷射混凝土厚度下围岩水平位移,绘制出 6 m 深度和 60 m 深度处 X、Y 方向水平位移随喷射混凝土厚度的变化而变化的曲线,如图8.1、图8.2 所示。经过分析,竖井围岩水平位移随喷射混凝土厚度的变化呈现以下特点:

①由图8.1、图8.2 可知,6 m 深度和 60 m 深度处 X、Y 方向围岩水平位移随喷射混凝土厚度的增加均不同程度地减小,说明在竖井施工过程中可通过调整喷射混凝土厚度有效地控制开挖初期围岩的水平位移,改善围岩的稳定性。

②从表8.2 可知,6 m 深度处围岩水平位移随喷射混凝土厚度的变化而发生变化的幅度较 60 m 深度处围岩水平位移变化幅度大,对比图8.1、图8.2 围岩水平位移随喷射混凝土厚度变化曲线也可知,6 m 深度处 X、Y 方向围岩水平位移变化曲率均较 60 m 深度处 X、Y 方向围岩水平位移变化曲率大,分析其原因是两个位置处围岩的力学性能差异导致的。竖井上部为素填土,而中下部为砂质泥岩,素填土与砂质泥岩相比弹性模量差距较大,力学性能较差,导致素填土区域围岩水平位移随喷射混凝土厚度的变化值较砂质泥岩更大。

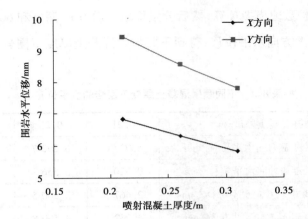

图 8.1　6 m 处水平位移随喷射混凝土厚度变化曲线

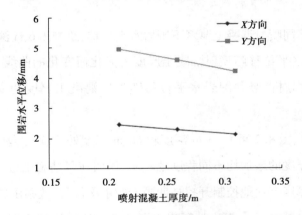

图 8.2　60 m 处水平位移随喷射混凝土厚度变化曲线

（2）锚杆长度变化对围岩稳定性的影响

根据单因素敏感性分析原则,在开展锚杆长度变化对竖井围岩稳定性影响的研究分析时,需要确保数值模型中作为初期支护参数基准值的喷射混凝土厚度、锚杆间距和工字钢间距等参数保持不变,通过改变锚杆长度来进行分析。据此分别建立了锚杆长度为 3 m、4 m 和 5 m 的 3 个模型进行开挖支护数值模拟计算,然后分别提取竖井 6 m 深度和 60 m 深度这两个位置处的 X、Y 方向水平位移,得到不同锚杆长度下围岩的水平位移,见表 8.3。

表 8.3　不同锚杆长度下围岩的水平位移

锚杆长度/m	3	4	5
6 m 处围岩 X 方向水平位移/mm	6.318 4	6.292 7	6.264 1
6 m 处围岩 Y 方向水平位移/mm	8.654 9	8.556 7	8.509 6
60 m 处围岩 X 方向水平位移/mm	2.305 2	2.300 5	2.293 4
60 m 处围岩 Y 方向水平位移/mm	4.617 6	4.590 8	4.570 9

　　根据表 8.3 不同锚杆长度下围岩的水平位移,绘制出 6 m 深度和 60 m 深度处 X、Y 方向水平位移随锚杆长度的变化而变化的曲线,如图 8.3、图 8.4 所示。经过分析,竖井围岩水平位移随锚杆长度的变化呈现以下特点:

　　①从表 8.3 和图 8.3、图 8.4 可知,6 m 深度和 60 m 深度处 X、Y 方向围岩水平位移随锚杆长度的增加均有所减小,但减小的数值比较小,说明在依托竖井施工过程中调整锚杆长度对开挖初期围岩的水平位移影响不大。

　　②从理论上讲,在相同的锚固条件下,锚杆越长支护效果越好。但实际情况证明,当锚杆长度超过一定值以后,再增加锚杆长度对支护效果的提升意义已经不大。尤其是当锚杆支护密度较大时,锚杆长度改变对围岩稳定性的影响较小。

　　(3)锚杆间距变化对围岩稳定性的影响

　　根据单因素敏感性分析原则,在开展锚杆间距变化对竖井围岩稳定性影响的研究分析时,需要确保数值模型中作为初期支护参数基准值的喷射混凝土厚度、锚杆长度和工字钢间距等参数保持不变,通过改变锚杆间距来进行分析。据此分别建立了锚杆间距为 1 m、1.5 m 和 2 m 的 3 个模型进行开挖支护数值模拟计算,然后分别提取竖井 6 m 深度和 60 m 深度这两个位置处的 X、Y 方向水平位移,得到不同锚杆间距下围岩的水平位移,见如表 8.4。

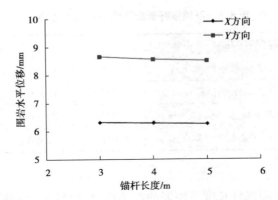

图8.3　6 m处水平位移随锚杆长度变化曲线

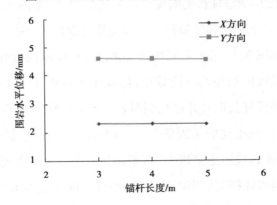

图8.4　60 m处水平位移随锚杆长度变化曲线

表8.4　不同锚杆间距下围岩水平位移

锚杆间距/m	1	1.5	2
6 m 处围岩 X 方向水平位移/mm	6.004 8	6.292 7	6.487 4
6 m 处围岩 Y 方向水平位移/mm	8.238 2	8.556 7	8.783 7
60 m 处围岩 X 方向水平位移/mm	2.229 5	2.300 5	2.356 2
60 m 处围岩 Y 方向水平位移/mm	4.458 6	4.590 8	4.704 8

由表8.4不同锚杆间距下围岩水平位移,绘制出 6 m 深度和 60 m 深度处 X、Y 方向水平位移随锚杆间距的变化而变化的曲线,如图8.5、图8.6所示。

196

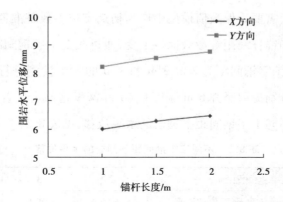

图 8.5　6 m 处水平位移随锚杆间距变化曲线

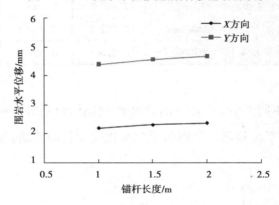

图 8.6　60 m 处水平位移随锚杆间距变化曲线

经过分析,竖井围岩水平位移随锚杆间距的变化呈现以下特点:

①从表 8.4 和图 8.5、图 8.6 可知,6 m 深度和 60 m 深度处 X、Y 方向围岩水平位移随锚杆间距的增加均增大,说明在依托竖井施工过程中调整锚杆间距对开挖初期围岩的水平位移有一定影响。

②由图 8.5 和图 8.6 可知,6 m 深度处和 60 m 深度处 X、Y 方向围岩水平位移变化曲率随锚杆间距的增大均呈现出减小的趋势,说明锚杆支护密度存在一个临界值,随着锚杆间距的增大,锚杆对围岩稳定性的支护作用将越来越小。

(4)工字钢间距变化对围岩稳定性的影响

根据单因素敏感性分析原则,在开展工字钢间距变化对竖井围岩稳定性影响的研究分析时,需要确保数值模型中作为初期支护参数基准值的喷射混凝土厚度、锚杆长度和锚杆间距等参数保持不变,通过改变工字钢间距来进行分析。据此分别建立了工字钢间距为 2 m、3 m 和 4 m 的 3 个模型进行开挖支护数值模拟计算,然后分别提取竖井 6 m 深度和 60 m 深度这两个位置处的 X、Y 方向水平位移,得到不同工字钢间距下围岩的水平位移,见表8.5。

表 8.5 不同工字钢间距下围岩的水平位移

工字钢间距/m	2	3	4
6 m 处围岩 X 方向水平位移/mm	5.684 3	6.292 7	6.982 4
6 m 处围岩 Y 方向水平位移/mm	7.651 2	8.556 7	9.504 3
60 m 处围岩 X 方向水平位移/mm	2.082 7	2.300 5	2.508 9
60 m 处围岩 Y 方向水平位移/mm	4.226 1	4.590 8	4.976 8

根据表8.5 不同工字钢间距下围岩的水平位移,绘制出 6 m 深度和 60 m 深度处 X、Y 方向水平位移随工字钢间距的变化而变化的曲线,如图 8.7、图 8.8 所示。

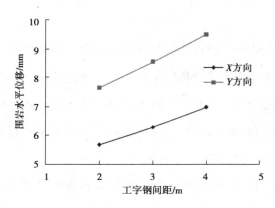

图 8.7 6 m 处水平位移随工字钢间距变化曲线

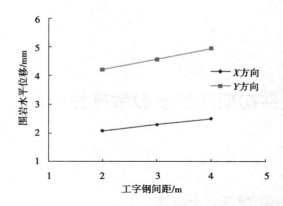

图 8.8　60 m 处水平位移随工字钢间距变化曲线

经过分析,竖井围岩水平位移随工字钢间距的变化呈现以下特点:

①由图 8.7、图 8.8 可知,6 m 深度和 60 m 深度处 X、Y 方向围岩水平位移随工字钢间距的增加均增大,且位移变化幅度相比锚杆长度改变和锚杆间距改变后均较大。说明在依托竖井施工过程中合理设置工字钢间距可较好地控制开挖初期围岩的水平位移。

②从表 8.5 和图 8.7、图 8.8 可知,与喷射混凝土厚度改变后相似,6 m 深度处围岩水平位移随工字钢间距的变化而发生变化的幅度较 60 m 深度处围岩水平位移变化幅度大,6 m 深度处 X、Y 方向围岩水平位移变化曲率相比 60 m 深度处 X、Y 方向围岩水平位移变化曲率也较大。这再次证明了两个位置处围岩的力学性能差异,素填土与砂质泥岩相比弹性模量差距较大,力学性能较差,导致素填土区域围岩水平位移随初期支护参数的变化而产生的变化值较砂质泥岩更大。

8.3 深竖井初期支护参数敏感性分析

8.3.1 因素敏感性分析概述

前文通过数值模拟研究分析了竖井围岩水平位移随初期支护参数的改变是如何变化的,并定性地描述了不同初期支护参数的改变对竖井围岩稳定性的影响程度,接下来通过因素敏感性方法计算初期支护结构敏感度系数,定量地研究喷射混凝土厚度变化、锚杆长度变化、锚杆间距变化和工字钢间距变化对竖井围岩稳定性的影响程度。

针对本节所研究的初期支护参数的单因素敏感度,根据敏感性系数分析法首先需要指定单因素试验方案,包含以下几个步骤:①确定单因素敏感性分析的研究对象:包括喷射混凝土厚度、锚杆长度、锚杆间距和工字钢间距;②确定可变影响因子的变化幅度及其基准参数集;③分析各个可变影响因子在不同变化幅度下的因素响应值及其变化规律;④根据因素响应值的变化幅度和影响因子的变化幅度计算敏感度系数,由此得出各影响因子的影响程度大小。进行单因素敏感性分析时需要加以注意的是,分析特定影响因子时其他因素的基准值大小应保持不变。基于所确定的影响因素变化幅度计算分析可变影响因子在不同变化水平下的因素响应值,得到单因素敏感性试验结果,见表8.6。

表8.6 单因素试验结果

因素水平	1	2	...	i	...	n
因素值大小	α_1	α_2	...	α_i	...	α_n
因素响应值	$P(\alpha_1)$	$P(\alpha_2)$	...	$P(\alpha_i)$	...	$P(\alpha_n)$

在进行多个不同物理量的单因素敏感性分析时,需要进行无量纲化处理,即首先应该计算出所研究影响因子的变化率。计算公式为

$$\delta_i = \left| \frac{\Delta \alpha_i}{\alpha_{i0}} \right| = \left| \frac{\alpha_i - \alpha_{i0}}{\alpha_{i0}} \right| \tag{8.1}$$

式中　δ_i——影响因子变化率;

　　　$\Delta \alpha_i$——影响因子变化量;

　　　α_i——影响因子各级水平;

　　　α_{i0}——影响因子基准值。

然后计算出所研究影响因子发生变化时因素响应值的变化率。计算公式为

$$\delta_{Pi} = \left| \frac{\Delta P(\alpha_i)}{P(\alpha_{i0})} \right| = \left| \frac{P(\alpha_i) - P(\alpha_{i0})}{P(\alpha_{i0})} \right| \tag{8.2}$$

式中　δ_{Pi}——因素响应值变化率;

　　　$\Delta P(\alpha_i)$——因素响应值变化量;

　　　$P(\alpha_i)$——因素响应值;

　　　$P(\alpha_{i0})$——因素响应值的基准值。

最后由以上计算结果可得到影响因素发生变化时的敏感度系数。计算公式为

$$\eta = \frac{\delta_i}{\delta_{Pi}} \tag{8.3}$$

敏感度系数的物理意义是定量地描述当某一影响因子相对其变化范围发生一定幅度的变动时,其因素响应值相对基准值变化程度的大小。通过对敏感度系数 η 的比较,可以实现对系统特性各影响因子的敏感性对比分析。如果某一影响因子试验结果的敏感度系数相比其他整体较大,那么该影响因子的敏感性较强,表明该影响因子的变化对系统特性的影响较大。

8.3.2　因素敏感性分析结果

前面通过数值建模改变竖井初期支护参数,分别得到了不同喷射混凝土厚

度、不同锚杆长度、不同锚杆间距和不同工字钢间距下竖井 6 m 深度和 60 m 深度处的 X、Y 方向水平位移。下面依据因素敏感性分析方法,由得到的 X、Y 方向水平位移,分别计算喷射混凝土厚度、锚杆长度、锚杆间距和工字钢间距这 4 个影响因子的敏感度系数,进行敏感性分析。敏感性分析单因素水平见表 8.7。

表 8.7 单因素水平表

因素水平	喷射混凝土厚度/m	锚杆长度/m	锚杆间距/m	工字钢间距/m
1	0.21	3	1	2
2	0.26	4	1.5	3
3	0.31	5	2	4

根据前面的数值模拟计算结果,分别列出在喷射混凝土厚度、锚杆长度、锚杆间距和工字钢间距发生变化后竖井 6 m 深度和 60 m 深度处的 X、Y 方向水平位移,见表 8.8—表 8.11。

表 8.8 竖井 6 m 深度处围岩 X 方向水平位移

因素水平	喷射混凝土厚度变化/mm	锚杆长度变化/mm	锚杆间距变化/mm	工字钢间距变化/mm
1	6.927 0	6.318 4	6.004 8	5.684 3
2	6.292 7	6.292 7	6.292 7	6.292 7
3	5.805 6	6.264 1	6.487 4	6.982 4

表 8.9 竖井 6 m 深度处围岩 Y 方向水平位移

因素水平	喷射混凝土厚度变化/mm	锚杆长度变化/mm	锚杆间距变化/mm	工字钢间距变化/mm
1	9.320 7	8.654 9	8.238 2	7.651 2
2	8.556 7	8.556 7	8.556 7	8.556 7
3	7.793 8	8.509 6	8.783 7	9.504 3

表 8.10　竖井 60 m 深度处围岩 X 方向水平位移

因素水平	喷射混凝土厚度 变化/mm	锚杆长度 变化/mm	锚杆间距 变化/mm	工字钢间距 变化/mm
1	2.467 3	2.305 2	2.229 5	2.082 7
2	2.300 5	2.300 5	2.300 5	2.300 5
3	2.144 6	2.293 4	2.356 2	2.508 9

表 8.11　竖井 60 m 深度处围岩 Y 方向水平位移

因素水平	喷射混凝土 厚度变化/mm	锚杆长度 变化/mm	锚杆间距 变化/mm	工字钢间距 变化/mm
1	4.962 5	4.617 6	4.458 6	4.226 1
2	4.590 8	4.590 8	4.590 8	4.590 8
3	4.218 8	4.570 9	4.704 9	4.976 8

　　根据上述表格中围岩水平位移计算结果,将基准参数集(即第 2 级因素水平下围岩的水平位移)作为计算基准值,通过因素敏感性分析方法即可得到深竖井初期支护结构各影响因子的敏感度系数,计算结果见表 8.12—表 8.15。

表 8.12　6 m 深度处 X 向水平位移敏感度系数

因素水平	喷射混凝土厚度/mm	锚杆长度/mm	锚杆间距/mm	工字钢间距/mm
1	0.524	0.016	0.137	0.290
2	—	—	—	—
3	0.403	0.018	0.093	0.329

表 8.13　6 m 深度处 *Y* 向水平位移敏感度系数

因素水平	喷射混凝土厚度/mm	锚杆长度/mm	锚杆间距/mm	工字钢间距/mm
1	0.537	0.046	0.112	0.317
2	—	—	—	—
3	0.464	0.022	0.080	0.332

表 8.14　60 m 深度处 *X* 向水平位移敏感度系数

因素水平	喷射混凝土厚度/mm	锚杆长度/mm	锚杆间距/mm	工字钢间距/mm
1	0.377	0.008	0.093	0.284
2	—	—	—	—
3	0.352	0.012	0.073	0.272

表 8.15　60 m 深度处 *Y* 向水平位移敏感度系数

因素水平	喷射混凝土厚度/mm	锚杆长度/mm	锚杆间距/mm	工字钢间距/mm
1	0.421	0.023	0.086	0.238
2	—	—	—	—
3	0.421	0.017	0.074	0.252

对比分析表 8.12—表 8.15,可得以下结论:

①由竖井不同深度处单因素敏感度系数计算结果可知,无论是 *X* 方向还是 *Y* 方向,整体上竖井初期支护结构中喷射混凝土厚度变化得出的敏感度系数最大,工字钢间距次之,然后是锚杆间距,锚杆长度变化得出的敏感度系数最小,可以得出依托竖井初期支护结构参数的敏感性大小依次为:喷射混凝土厚度>工字钢间距>锚杆间距>锚杆长度。

②由敏感性大小排序,结合敏感度系数的物理意义可知,喷射混凝土厚度变化对竖井开挖初期围岩稳定性的影响最大,竖井施工开挖后,及时喷射初期支护混凝土,并根据实际情况调整喷射混凝土厚度,可以最大限度地控制围岩

位移的发展,保证竖井的稳定性;其次是工字钢,依托工程属于深竖井,且长宽比比较大,通过在竖井长边设置工字钢横撑,与喷射混凝土井壁形成刚度较大的整体空间结构,可以较好地控制围岩位移,并有效地提高竖井工程的整体稳定性;锚杆间距和锚杆长度变化对此竖井工程围岩稳定性的影响均较小,一方面是因为依托工程围岩情况较好,属于Ⅳ级围岩,仅在顶部存在厚度为 9 m 的填土层,其下为力学性能较好的砂岩和砂质泥岩互层,锚杆的支护效应不明显;另一方面,实际工程中锚杆支护的一大作用是加固围岩,尤其是在围岩中存在岩层面、节理裂隙和破裂面等情况时,可以将其连接起来,形成"加固带",从而增加锚固区围岩强度,提高围岩的稳定性,在数值模拟中没有考虑岩体的节理发育情况,其支护效果无法完全体现。

③对比分析竖井两个深度处各影响因子的敏感度系数可以发现,无论是 X 方向还是 Y 方向,6 m 深度处初期支护结构参数的敏感度系数较相应 60 m 深度处初期支护结构参数的敏感度系数均略大,说明填土区围岩水平位移受初期支护参数变化的影响较砂质泥岩层更大,与前述结论一致。两个位置处围岩的力学性能差异较大,素填土与砂质泥岩相比弹性模量较小,导致素填土区域初期支护结构参数的敏感度较砂质泥岩更大,填土区围岩水平位移随初期支护参数的变化而产生的变化值也就更大。

8.4 依托竖井初期支护方案优化

8.4.1 支护方案优化

由前述研究结果可知,围岩和初期支护的位移、应力水平均较小,水平位移最大值未超过 10 mm,表明初期支护刚度较大,从安全性和经济性的角度考虑,均存在优化空间。在 8.3 节中通过单因素敏感性分析,得到初期支护结构对竖井开挖初期围岩稳定性的影响程度大小依次是:喷射混凝土厚度>工字钢间距>锚杆间距>锚杆长度。说明喷射混凝土对依托竖井围岩稳定性的影响是最大的,其次是工字钢,锚杆相对来说影响最小,可据此并结合结构安全性、工程经济性、施工技术的可行性和可靠性、社会效益及环境影响等对竖井初期支护参数进行优化。

　　锚喷支护是以岩石力学理论为基础,围岩和支护共同作用的现代支护结构原理。与地下连续墙、排桩支护结构等刚性支护相比较,锚喷支护在施工工艺和作用机理方面具备灵活性、及时性、密贴性、深入性、柔性和封闭性等优点。工字钢横撑对围岩位移控制效果明显,但是在依托工程地质背景下,围岩情况本身较好,施加锚喷支护后位移已经能够得到有效控制,且考虑竖井工程中工字钢的施加一方面会影响施工空间,不便于土石出渣及机械调运;另一方面工字钢本身是一个危险源,存在安装不适或破坏而掉落的风险,对井底人员、机械造成安全隐患。综上所述,喷射混凝土与锚杆组成的锚喷支护体系是依托工程竖井初期支护的最优选择。依据设计资料,在竖井顶部素填土区域设置两层工字钢横撑,以控制填土区围岩变形,取消了设计提出的下部工字钢横撑,以方便施工,减少安全隐患。初期支护优化方案见表 8.16,锚杆长度仍为 4 m,入土倾角为 15°。

表 8.16　初期支护优化方案

喷射混凝土	锚杆	横撑	单层钢筋网	深度/m
C25 260 mm	Φ22@1.5 m×1.5 m	I20a 工字钢@4m	A8@200 mm×200 mm	0~9
C25 210 mm	Φ22@3 m×3 m	无		9~81.5

8.4.2　优化方案结果分析

　　采用 Midas GTS NX 对初期支护参数优化后的依托竖井进行开挖支护数值

模拟,数值模型的尺寸范围、本构关系、边界条件及计算参数等均与第7章相同,并对优化前后的围岩位移和支护结构内力进行对比分析。

1)围岩位移分析

(1)X方向水平位移

优化前后X方向水平位移云图如图8.9、图8.10所示。

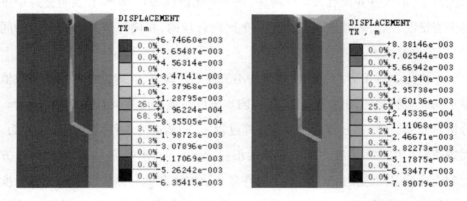

图8.9　优化前X方向水平位移云图　　　图8.10　优化后X方向水平位移云图

分别提取初期支护参数优化前后短边跨中围岩位移数据,并结合第6章围岩水平位移理论计算值,得到竖井X方向水平位移沿深度的变化曲线,如图8.11所示。

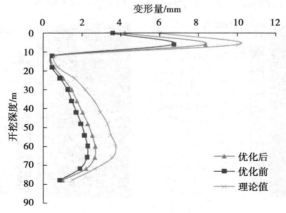

图8.11　X方向水平位移沿深度变化曲线

对比分析图 8.9、图 8.10,并观察图 8.11,可以得到以下结论:

①初期支护参数优化后,X 方向水平位移最大值为 8.36 mm,较优化之前的 6.74 mm 增大了 1.62 mm,位移量增大了约 24%,但仍符合规范中位移限值的要求,既保证了结构的安全,又达到了优化的目的。

②针对竖井填土层以下的初期支护参数进行了较大程度的优化,支护刚度大大减小,但位移并没有大幅度增加,最大变化值仅为 0.69 mm,表明竖井中下部围岩情况较好,对其进行支护优化是比较合理的,在确保竖井结构安全的同时,节约建筑成本。

③优化前后 X 方向水平位移值均小于理论计算值,但理论计算曲线与数值模拟曲线形状相似,吻合度较好,X 方向水平位移理论计算最大值为 10.10 mm。分析其差异原因,一方面是在理论计算过程中,初始应力条件默认为自重应力,而数值模拟中的水平应力是由岩体的泊松比确定的,水平应力不一样;另一方面理论计算采用的是简化公式,其中许多参数如注浆体与地层间极限黏结强度标准值、抗拔安全系数、黏结强度的影响系数等采用的都是经验值,导致理论计算值与数值模拟值的计算结果有所偏差。但是,从理论计算和数值模拟的结果来看,两者的吻合性较好,对实际工程有一定的借鉴意义。

(2)Y 方向水平位移

优化前后 Y 方向水平位移云图如图 8.12、图 8.13 所示。

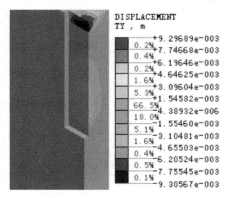

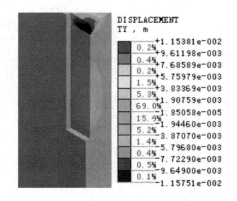

图 8.12 优化前 Y 方向水平位移云图   图 8.13 优化后 Y 方向水平位移云图

分别提取初期支护参数优化前后长边跨中围岩位移数据,并结合第 6 章围岩水平位移理论计算值,得到竖井 Y 方向位移沿深度的变化曲线,如图 8.14 所示。

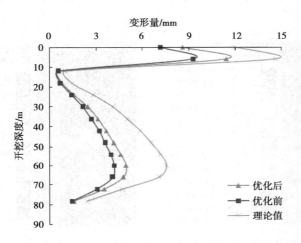

图 8.14　Y 方向水平位移沿深度变化曲线

对比分析图 8.12、图 8.13,并观察图 8.14,可以得到以下结论:

①初期支护参数优化后,Y 方向水平位移最大值为 11.44 mm,较优化之前的 9.26 mm 增大了 2.18 mm,位移量增大了约 23.5%,但仍符合规范中位移限值的要求,既保证了结构的安全,又达到了优化的目的。

②与 X 方向位移变化相似,尽管针对竖井填土层以下的初期支护参数进行了较大程度的优化,支护刚度大大减小,但位移并没有大幅度增加,最大变化值仅为 0.97 mm,说明竖井中下部围岩情况较好,对其进行支护优化是比较合理的,在确保竖井结构安全的同时,节约建筑成本。

③优化前后 Y 方向水平位移值均小于理论计算值,但理论计算曲线与数值模拟曲线形状相似,吻合度较好,Y 方向水平位移理论计算最大值为 14.65 mm。差异原因与 X 方向位移相同,尽管位移值存在区别,但对实际工程仍有一定的借鉴意义。

（3）Z 方向位移

由于开挖卸荷作用，竖井地表土体发生负向位移，即产生沉降，坑底土体发生正向位移，即产生隆起。优化前后 Z 方向水平位移云图如图 8.15、图 8.16 所示。

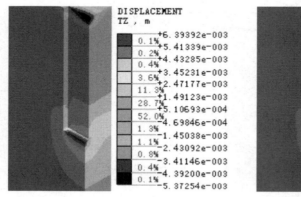

图 8.15　优化前 Z 方向水平位移云图　　图 8.16　优化后 Z 方向水平位移云图

分别提取初期支护参数优化前后井底隆起及 X、Y 方向上的地表沉降数据，进行如下分析：

①地表沉降。如图 8.17 所示，初期支护参数优化后，X 方向的地表最大沉降量为 2.89 mm，较优化之前的 2.51 mm 增大了 0.38 mm，位移量增大了约 15.1%；Y 方向的地表最大沉降量为 6.19 mm，较优化之前的 5.37 mm 增大了 0.82 mm，位移量增大了约 15.3%。整体来看，初期支护参数优化前后地表沉降量变化不大，说明竖井围岩情况较好，对其进行支护优化是比较合理的，在确保竖井结构安全的同时，节约了建筑成本。

②井底隆起。如图 8.18 所示，初期支护参数优化后，坑底中心隆起位移最大值为 7.53 mm，较优化之前的 6.39 mm 增大了 1.14 mm，位移量增大了约 18%。整体来看，初期支护参数优化前后井底隆起变化值较小，说明竖井围岩情况较好，对其进行支护优化是比较合理的，在确保竖井结构安全的同时，节约了建筑成本。

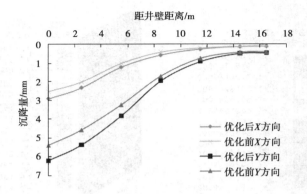

图 8.17 地表沉降曲线

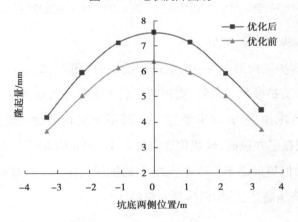

图 8.18 井底隆起曲线

2) 支护结构内力分析

(1) 支护结构最大主应力

优化前后支护结构最大主应力云图如图 8.19、图 8.20 所示。

由图 8.19、图 8.20 可知,初期支护参数优化后,支护结构最大主应力仍以拉应力为主,在竖井中下部应力集中较为明显。最大拉应力值为 2.50 MPa,较优化之前的 2.11 MPa 增大了 0.39 MPa,应力值增大了约 18.5%。拉应力值均已超过 C25 混凝土抗拉强度 1.27 MPa。在竖井实际施工过程进行到该处时,应通过架设型钢钢架、设置双层钢筋网等方式加强支护,避免初期支护混凝土发生受拉破坏。

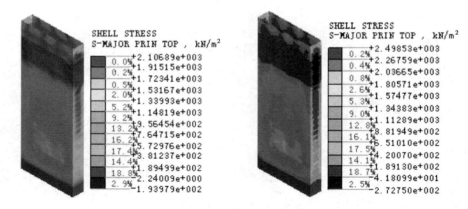

图 8.19　优化前支护结构最大主应力云图　　图 8.20　优化后支护结构最大主应力云图

（2）支护结构最小主应力

优化前后支护结构最小主应力云图如图 8.21、图 8.22 所示。由图 8.21、图 8.22 可知,初期支护参数优化后,支护结构最大主应力仍以压应力为主,在竖井中下部出现小范围拉应力,均未超过 C25 混凝土抗拉强度。最大压应力值为 2.91 MPa,出现在竖井顶部,较优化之前的 1.84 MPa 增大了 1.07 MPa,应力值增大了约 58%,但仍远小于 C25 素混凝土的抗压强度 11.9 MPa。初期支护混凝土不会出现受压破坏,结构仍然是安全的。

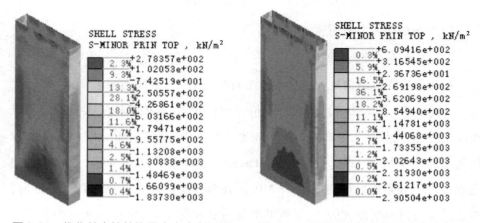

图 8.21　优化前支护结构最小主应力云图　　图 8.22　优化后支护结构最小主应力云图

（3）支护结构弯矩

由竖井长边跨中竖向弯矩沿深度变化曲线（图8.23）可知，初期支护参数优化后，竖井初期支护仍主要在井壁内侧受拉，外侧受压，内侧受拉最大弯矩值为350 kN·m，较优化之前的254 kN·m增大了96 kN·m，弯矩值增大了约38%。在上部填土区域内，初期支护存在小范围外侧受拉情况，外侧受拉最大弯矩值为152 kN·m，较优化之前的104 kN·m增大了48 kN·m，弯矩值增大了约46%。此外，填土层以下弯矩变化较优化前更平稳，这是优化后填土层以下不再设置工字钢横撑，类似局部固定端的作用减小，支护结构受力更加均匀所致。在竖井实际施工进行到相应弯矩较大位置时，应加强支护，避免初期支护混凝土因弯矩过大而受拉发生开裂破坏，影响竖井的稳定性和安全。

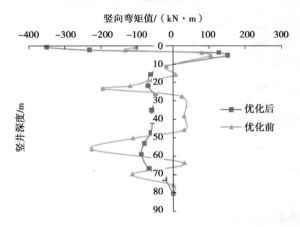

图8.23　长边跨中竖向弯矩沿深度变化曲线

（4）锚杆轴力

如图8.24、图8.25所示，初期支护参数优化后，长短边跨中锚杆轴力最大值仍出现在竖井上部素填区。短边跨中锚杆轴力最大值为26 kN，较优化之前的23 kN增大了3 kN，轴力值增大了约13%；长边边跨中锚杆轴力最大值为31 kN，较优化之前的26 kN增大了5 kN，轴力值增大了约19%。整体来看，锚杆轴力值较小，不会出现受拉破坏，仍能发挥锚固作用，保证竖井结构安全。

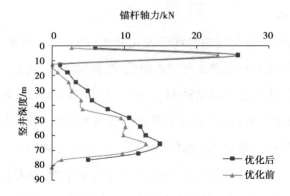

图 8.24　短边跨中锚杆轴力沿深度变化曲线

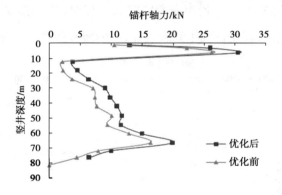

图 8.25　长边跨中锚杆轴力沿深度变化曲线

8.4.3　经济性分析

建筑安装工程费由直接费、间接费、利润和税金构成。直接费又包括直接工程费和措施费。直接工程费是指建筑安装过程中直接消耗在工程项目上的活劳动和物化劳动，包括人工费、材料费和施工机械使用费。

这里仅就直接工程费中的材料费，对优化后的竖井工程进行经济性分析。竖井初期支护参数优化后可减少约 280 m^3 C25 混凝土，喷射混凝土量较优化前减少约 17%；φ22 砂浆锚杆减少 5 554 根，锚杆数量较优化前减少约 77%，共计约 67 t 螺纹钢；I 20a 工字钢横撑减少 78 根，工字钢横撑数量较优化前减少约

93%,共计约 15 t 型材。市面上 C25 混凝土单价约为 460 元/t,φ22 螺纹钢约为 4 550 元/t,I20a 工字钢型材约为 4 950 元/t,节省混凝土成本约 13 万元,螺纹钢成本约 31 万元,工字钢型材成本约 8 万元,共计节省材料费约 52 万元。

本节对初期支护的优化效果进行经济性分析时,还未考虑混凝土浇筑、砂浆锚杆打孔安装和工字钢横撑架设的人工费和施工机械使用费等。从经济性方面考虑,初期支护优化方案可取得很好的效果。对初期支护参数进行优化,减少了大量初期支护的施作时间,在一定程度上加快了进度、缩短了工期。

8.5 本章小结

本章采用因素敏感性分析方法对岩石地层深竖井初期支护结构进行单因素敏感性分析,据此对依托竖井初期支护方案进行优化,对比分析优化前后的围岩位移和支护结构内力,从安全性、经济性和合理性方面对优化效果进行评价。主要研究成果如下:

①围岩水平位移随喷射混凝土厚度的增加而减小;随锚杆长度的增加有所减小,但减小的数值比较小;随锚杆间距的增加而略微增大;随工字钢间距的增加而增大,且位移变化幅度相比锚杆长度改变和锚杆间距改变后均较大,但小于喷射混凝土厚度改变后的位移变化幅度。竖井初期支护结构敏感度大小依次为:喷射混凝土厚度>工字钢间距>锚杆间距>锚杆长度。

②锚喷支护具备较好的灵活性、及时性、密贴性、深入性、柔性和封闭性,而工字钢横撑的施加一方面影响施工空间;另一方面其本身是一个危险源。锚喷支护体系是依托工程竖井初期支护的最优选择。依据设计资料,在竖井顶部素填土区域设置两层工字钢横撑,以控制填土区围岩变形,取消了设计提出的下

部工字钢横撑,以方便施工、减少安全隐患。

③安全性方面,初期支护优化后,围岩位移和支护结构内力均有所增加,但位移值和内力值增加的幅度均不大,说明对竖井进行的初期支护优化是合理的、安全的。经济性方面,喷射混凝土量较优化前减少约17%,砂浆锚杆数量较优化前减少约77%,工字钢横撑数量较优化前减少约93%,仅材料费一项便节省约52万元,优化方案可取得较好的经济效果。此外,对初期支护参数进行优化,减少了大量初期支护的施作时间,提高了施工效率,一定程度上加快了进度、缩短了工期。

参考文献

[1] 李兴高,刘维宁,张弥. 关于库伦土压力理论的探讨[J]. 岩土工程学报, 2005,27(6): 677-681.

[2] 李世平. 岩石力学简明教程[M]. 北京:煤炭工业出版社,1996.

[3] CHANG J, ZHANG J H, ZHANG D J, et al. Study of Methods for Determining the Thickness of Safe Roof in Open Casting Turn to Underground Mining[J]. Applied Mechanics and Materials, 2014: 484-485, 589-592.

[4] YINGREN Z, CHENYU Q. On the Limitations of Protodyakonov's Pressure Arch Theory[J]. Modern Tunnelling Technology, 2016(2):1.

[5] 郭继林,张俊儒,李小刚,等. 一种改进的硬质岩深竖井反井施工技术及竖井围岩压力取值探讨[J]. 隧道建设,2016,36(5): 585-591.

[6] 中华人民共和国国家标准编写组. 煤矿立井井筒及硐室设计规范(GB/50384—2007)[S]. 北京:中国计划出版社,2007.

[7] ZHU Z G, ZHU T, ZHU Y, et al. Study on Effective Assessment of Practical Teaching in University Based on IPA [M]// Engineering Education and Management. Springer Berlin Heidelberg, 2012.

[8] 刘金龙,陈陆望,王吉利. 深厚表土中立井井壁水平地压力计算探讨[J]. 中国矿业,2013(4): 72-75.

[9] 高永平,张天友,周栋梁. 岩质边坡侧压力的形成机理浅析[J]. 地下空间与工程学报, 2009, 5(S2): 1466-1469.

[10] 李淑,张顶立,房倩,等. 北京地铁车站深基坑地表变形特性研究[J]. 岩石力学与工程学报,2012, 31(1):189-198.

[11] B A 索柯洛夫,Ю M 尤罗夫斯基. 徐继文, 邱玉春. 气测井理论与应用[M]. 北京:中国工业出版社,1965.

[12] 克列恩. 地下管计算[M]. 北京:中国工业出版社,1964.

[13] BRANDT I. Patterns of Early Neurological Development [M]// Human Growth. Springer US, 1979.

[14] GERLACH W. 150 Jahre Fraunhofersche Linien[J]. Physik Journal, 1967, 23(4): 145-149.

[15] 顾慰慈. 粘性土主动土压力的计算[J]. 水利学报,1991(1): 55-64.

[16] 武全社. 作用在挡土结构上的土压力的研究[J]. 华北水利水电学院学报,1992(2): 74-80.

[17] 贾萍,赵均海,魏雪英,等. 空间主动土压力双剪统一解的简化计算[J]. 建筑科学与工程学报,2008,25(2):85-89.

[18] 张勤. 基于弹性抗力法的深基坑悬臂支护结构上土压力空间效应分析[J]. 工程力学, 2012,29(S1): 136-140.

[19] 徐杨,阎长虹,姜玉平,等. 滑裂面形状对挡土墙主动土压力的影响[J]. 煤田地质与勘探,2015(4): 69-74.

[20] 王泽. 基坑挡土结构上空间土压力分布特性研究[D]. 天津:天津大学,2016.

[21] 蒋斌松,张强,贺永年,等. 深部圆形巷道破裂围岩的弹塑性分析[J]. 岩石力学与工程学报, 2007, 26(5):982-986.

[22] 陈梁,茅献彪,李明,等. 基于 Drucker-Prager 准则的深部巷道破裂围岩弹塑性分析[J]. 煤炭学报,2017,42(2):484-491.

［23］刘璐璐. 基于统一强度理论的 TBM 斜井围岩弹塑性解及试验研究［D］. 北京：中国矿业大学,2017.

［24］WANG Y. Distribution of earth pressure on a retaining wall［J］. China Harbour Engineering, 2000, 50(1)：83-88.

［25］蒋纯秋. 挡土墙土压力非线性分布解［J］. 土木工程学报,1964(1)：58-67.

［26］WANG Y S. Distribution of earth pressure on a retaining wall［J］. Géotechnique, 2000, 50(1)：83-88.

［27］阮波,冷伍明,李亮. 土压力非线性分布的研究［J］. 铁道科学与工程学报,2001,19(4)：75-78.

［28］李兴高,刘维宁. 关于水平层分析法的讨论［J］. 岩土力学, 2009,30(s2)：78-82.

［29］白哲,张皓月. 浅埋隧道衬砌结构地震侧压力的拟动力法求解［J］. 河南城建学院学报,2017,26(3)：5-9.

［30］CHONG-WU M A, Qing-Song M U, Zhong-Yu L, et al. Mechanical Analysis on the Stability of Frozen Embankments［J］. Journal of Glaciology and Geocryology, 2007, 29(5)：752-755.

［31］SHERIF M A, Fang Y, Sherif R I. KA and Ko Behind Rotating and Non - Yielding Walls［J］. Journal of Geotechnical Engineering, 1985, 110(1)：41-56.

［32］陈页开. 挡土墙上土压力的试验研究与数值分析［D］. 杭州：浙江大学,2001.

［33］张庆松,王德明,李术才, 等. 断层破碎带隧道突水突泥模型试验系统研制与应用［J］. 岩土工程学报,2016,39(3)：417-426.

［34］段志慧,窦远明,王建宁, 等. 软土地基盾构隧道地震动力响应振动台模型试验研究［J］. 科学技术与工程,2017,17(2)：106-110.

[35] 孙志亮,孔令伟,郭爱国. 不同含水状态堆积体边坡地震响应特性大型振动台模型试验[J]. 岩土力学,2018,39(7):2433-2441,2460.

[36] 顾大钊. 相似材料和相似模型[M]. 徐州:中国矿业大学出版社,1995.

[37] 安伟刚. 岩性相似材料研究[D]. 长沙:中南大学,2002.

[38] 张林,陈建叶. 水工大坝与地基模型试验及工程应用[M]. 成都:四川大学出版社,2009.

[39] 赵国旭,谢和平. 村庄下特厚煤层不搬迁开采的现实途径研究[J]. 中国矿业,1999(6):48-53.

[40] 黄国军,周澄,赵海涛. 牛头山双曲拱坝整体稳定三维地质力学模型试验研究[J]. 西北水电,2004(2):49-52.

[41] 苏伟,冷伍明,雷金山,等. 岩体相似材料试验研究[J]. 土工基础,2008,22(5):73-75,80.

[42] LI K, HUANG L H, HUANG X C. Propagation simulation and dilatancy analysis of rock joint using displacement discontinuity method[J]. Journal of Central South University, 2014, 21(3):1184-1189.

[43] WU M J, XU X, ZHAO M, et al. Construction mechanics response study of highway tunnel in karst [J]. Chinese Journal of Rock Mechanics & Engineering, 2004(9):1525-1529.

[44] 樊建华. 基于多理论方案比选的深井掘进支护方案选择[J]. 有色金属(矿山部分),2019,71(1):31-36.

[45] 毛传森. 中深孔反向光面爆破技术在岩石掘进中的应用[J]. 煤矿爆破,2009(1):26-28.

[46] 宋志荣. 二郎山特长深埋隧道通风斜井反井法施工技术[J]. 现代隧道技术,2017,54(2):202-206.

[47] 常杰. 贵阳地铁复杂地质条件下关键施工技术研究[D]. 石家庄:石家庄铁道大学,2017.

[48] 王昱晓. 佛岭隧道深大竖井施工方法研究[D]. 西安：长安大学，2017.

[49] 常民生，赵中宇. 超深竖井快速掘进施工新方法[J]. 长江科学院院报，2003（S1）：26-28.

[50] 王鹏越. 超大直径深立井施工技术发展及展望[J]. 煤炭工程，2018，50（06）：47-50.

[51] 王勇. 斜井表土段冻结井壁受力规律与设计理论研究[D]. 徐州：中国矿业大学，2016.

[52] 邓培蒂，张华. 竖井井筒快速施工关键技术研究[J]. 现代矿业，2012，27（08）：68-70.

[53] 吕瑞虎. 城市地铁 TBM 施工适应性评价研究[J]. 现代隧道技术，2017，54（01）：31-39，47.

[54] 李双宏. 深圳地铁 8 号线双护盾 TBM 选型及其适应性研究[J]. 居舍，2019（06）：175.

[55] 张馨. 深竖井快速施工成套新技术研究和推广应用[M]. 北京：煤炭工业出版社，2004.

[56] 郭力. 深厚表土中立井井壁水平侧压力不均匀性研究[D]. 徐州：中国矿业大学，2010.

[57] 申奇. 盾构隧道圆形工作井围护结构优化研究[D]. 成都：西南交通大学，2014.

[58] 钟应伟. 深厚第四系流砂层竖井井筒稳定性研究[D]. 湘潭：湖南科技大学，2013.

[59] 鲁治城，宋选民. 姚家山矿千米立井围岩稳定及井壁支护厚度的理论预测研究[J]. 太原理工大学学报，2014，45（06）：807-812.

[60] 吴迪. 深井施工围岩稳定性研究[D]. 沈阳：东北大学，2011.

[61] 杜良平. 终南山隧道大直径深竖井围岩稳定性研究[D]. 上海：同济大学，2008.

[62] 杨官涛，李夕兵，刘希灵. 竖井围岩-支护系统稳定性分析的最小安全系数法[J]. 煤炭学报,2009,34(02):175-179.

[63] 周荣. 大坪里隧道竖井施工过程数值模拟与研究[D]. 武汉：华中科技大学,2007.

[64] 宋金良. 环—梁分载计算理论及圆形工作井结构性状分析[D]. 杭州：浙江大学,2004.

[65] 谢永利. 关于竖井散体地压的研究[J]. 长安大学学报：自然科学版,1989(1):82 -92.

[66] GU Z A N. Establishing the Fundamentals of the Theory of Stability of Mine Workings[J]. International Applied Mechanics, 2003, 39(1):20-48.

[67] KOT F, UNRUG. Shaft design criteria [J]. Geotechnical and Geological Engineering, 1984, 2(2):141-155.

[68] SHTEIN M. The state of stress near the bottom of a mine shaft [J]. Journal of Mining Science, 1973, 9(2):123-128.

[69] AKOPYAN. Nonaxisymmetric loss of stability in a vertical mine shaft [J]. International Applied Mechanics, 1976, 12(5):517-519.

[70] KONSTANTANTIONOVA S A. Mathematical modeling of pressure on the strengthening vertical shaft support in " Mir" mine located in the Charsk saliferous rock series[J]. Journal of Mining Science, 2006, 42(2):113-121.

[71] KLRKBRIDE M. Ultra-deep shaft construction [J]. Tunnels and Tunnelling International, 2002, 34(6):38-40.

[72] WANG P, CAI M, REN F, et al. Theoretical investigation of deformation characteristics of stratified rocks considering geometric and mechanical variability[J]. Geosciences Journal, 2017, 21(2): 213-222.

[73] JINGMAO X U, JINCAI G U, ANMIN C, et al. MODEL TEST STUDY OF ANTI-EXPLOSION CAPACITY OF ANCHORED TUNNEL WITH LOCAL

LENGTHENING ANCHORS IN ARCH SPRINGING[J]. Chinese Journal of Rock Mechanics and Engineering, 2012, 31(11): 2182-2186.

[74] 赵礽晔. 浅埋大断面隧道施工沉降模型试验研究[D]. 西安: 长安大学, 2013.

[75] 杜红凯, 韩淼, 崔相东, 等. 1/4桥路应变采集的温度补偿效果实验研究[J]. 北京建筑大学学报, 2014, 30(4): 28-32.

[76] 周明华. 土木工程结构试验与检测[M]. 南京: 东南大学出版社, 2013.

[77] 雷音, 张伟. 1/4桥应变测量系统在温度影响下的误差分析[J]. 电子测量技术, 2017, 40(12): 152-155.

[78] 李奎. 水平层状隧道围岩压力拱理论研究[D]. 成都: 西南交通大学, 2010.

[79] 顾慰慈. 挡土墙土压力计算[M]. 北京: 中国建材工业出版社, 2001.

[80] 顾慰慈, 武全社, 陈卫平. 挡土墙墙背填土中滑裂体形状的试验研究[J]. 岩土工程学报, 1988(2): 51-58.

[81] 曾祥太, 吕爱钟. 含有非圆形双孔的无限平板中应力的解析解研究[J]. 力学学报, 2019, 51(1): 170-181.

[82] 袁林, 高召宁, 孟祥瑞. 基于复变函数法的矩形巷道应力集中系数黏弹性分析[J]. 煤矿安全, 2013, 44(2): 196-199, 203.

[83] 吕爱钟, 张路青. 地下隧道力学分析中的复变函数方法[M]. 北京: 科学出版社, 2007.

[84] WO X, KUN-LIN L U, DA-YONG Z. Partition Excavation of a Subway Deep Foundation Pit: Monitoring and NumericalSimulation[J]. Journal of Yangtze River Scientific Research Institute, 2017.

[85] 皇甫鹏, 张路青, 伍法权. 基于高效保角变换的单个复杂洞室围岩应力场解析解研究[J]. 岩石力学与工程学报, 2011(S2): 3905-3913.

[86] BATISTA M. On the stress concentration around a hole in an infinite plate

subject to a uniform load atinfinity[J]. International Journal of Mechanical Sciences, 2011, 53(4): 254-261.

[87] ZHANG Z, SUN Y. Analytical solution for a deep tunnel with arbitrary cross section in a transversely isotropic rockmass[J]. International Journal of Rock Mechanics & Mining Sciences, 2011, 48(8): 1359-1363.

[88] 侯化强,王连国,陆银龙,等. 矩形巷道围岩应力分布及其破坏机理研究 [J]. 地下空间与工程学报,2011,7(S2):1625-1629.

[89] LI F, YANG Y, FAN X, et al. Numerical analysis of the hydrofracturing behaviours and mechanisms of heterogeneous reservoir rock using the continuum-based discrete element method considering pre-existingfractures [J]. Geomechanics and Geophysics for Geo-Energy and Geo-Resources, 2018,4(4):383-401.

[90] LI Z, LI Y, ZHANG C, et al. Creep and stress relaxation in free-standing thin metal films controlled by coupled surface and grain boundarydiffusion[J]. Acta Materialia, 2012, 60(6-7): 3057-3062.

[91] 张振杰. 基于全过程曲线循环加卸载的岩石塑性硬化软化模型研究[J]. 长江科学院院报,2018,35(1): 95-100.

[92] 闫富有,常键,刘忠玉. 黏弹-双曲线 Drucker-Prager 塑性模型应力更新隐式算法[J]. 岩土力学,2017,38(6): 1797-1804.

[93] TAN X, CHEN W, Yang D, et al. Study on the influence of airflow on the temperature of the surrounding rock in a cold region tunnel and its application to insulation layerdesign[J]. Applied Thermal Engineering, 2014, 67(1-2): 320-334.

[94] 由广明. 岩土弹塑性通用数值平台及其应用研究[D]. 上海:同济大学,2007.

[95] 李英华,张明媛,袁永博. 基于正交设计的基坑开挖放坡稳定影响因素敏

感性分析[J]. 土木工程与管理学报,2017(1):116-119,145.

[96] 郭重阳,李典庆,曹子君,等. 考虑空间变异性条件下的边坡稳定可靠度高效敏感性分析[J]. 岩土力学,2018,39(6):2203-2210.

[97] 杨晓明,杨亮. 钢筋混凝土桥面板全寿命成本影响因素敏感性分析[J]. 混凝土,2018(1):154-157.

[98] 王辉. 埋深和坡度对浅埋隧道围岩稳定影响的敏感性分析[J]. 现代隧道技术,2017,54(4):91-96.

[99] 张孟喜,李钢,冯建龙,等. 双连拱隧道围岩变形有限元与 BP 神经网络耦合分析[J]. 岩土力学,2008,29(5):1243-1248.

[100] 李燕. 基于 BP 神经网络的深基坑围护变形预测[D]. 杭州:浙江工业大学,2013.

[101] LVJIAN-BING, FU He-lin. Correlation of loading calculation values of deep tunnels in the fracturedwall [J]. West-Chinese Exploration Engineering, 2004, 2:96-99.

[102] YAN Jian-ping, YANG Lin-de, PENG Min. Study on partial coefficients of loads on tunnels in softsoil[J]. Chinese Journal of Underground Space and Engineering, 2005, 1 (2):219-222.

[103] 马英明. 深表土竖井地压的计算方法[J]. 煤炭科学技术,1979(1):16-22.

[104] 煤矿立井井筒及硐室设计规范(GB 50384—2016)[S]. 北京:中国计划出版社,2016.

[105] 梅国雄,宰金珉. 考虑变形的朗肯土压力模型[J]. 岩石力学与工程学报,2001(6):851-854.

[106] 中华人民共和国国家标准. 岩土锚杆与喷射混凝土支护工程技术规范(GB 50086—2015)[S]. 北京:中国计划出版社,2015.

[107] 刘力. 深部岩石力学强度准则与参数确定方法研究[D]. 成都:西南石

油大学,2017.

[108] SAURAV R, NARENDRA K S. Triaxial strength behaviour of rockmass satisfying modified Mohr-Coulomb and Hoek-Brown criteria ［ J ］. International Journal of Mining Science and Technology，2018，28（6）：901-915.

[109] 曾满元. 中日铁路隧道工程技术标准对比分析研究[J]. 铁道标准设计,2010(S1):27-32.

[110] 王建宇. 复合式衬砌若干问题探讨[J]. 现代隧道技术,2019,56(1):1-5.

[111] 朱正国,朱永全. 泥石流堆积体隧道工程理论与实践[M]. 北京:人民交通出版社,2014.